KB238208

호위발차기법

2

경호무술

Since **1992**
警護武術

호위발차기법

2

경호무술창시자 **장명진** 지음

이담 Books

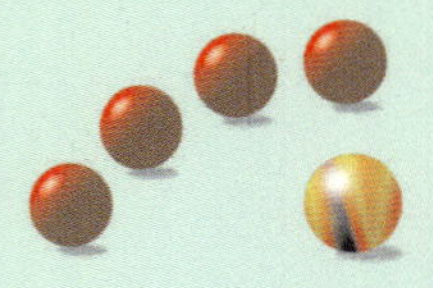

발간사

경호무술이란 자신을 포함하여 경호 대상에게 가해져 오는 공격으로부터 신체 및 생명을 보호해주는 **호위호신무술**이다.

경호무술을 창시한 본인은 1986년 군 복무시절 708특공대(경호부대)에서 경호무술에 대한 연구를 시작하였고, 1992년 3월 18일 국내최초로 서울특별시 중랑구 신내동에 경호원을 양성하는 국제경호아카데미를 개원하였다. 이후 1994년부터 2004년까지 『경호무술』, 『경호실무』(개정7권)를 공식 출판했으며, 특히 경호무술에 대한 무적·공법·기법·격투체계에 대하여 체계화와 정형화에 힘써 왔다. 아울러 경호무술에 대한 학문적 이론을 정립하여 체계화하였다. 국제경호아카데미 경호원 양성과정 및 장명진경호무술원과 대학교 등 외부기관에 출강하면서 착안한 경호무술 교육체계에 대하여 연구 표준화한 것을 1996년에 오픈한 사이버 경호무술교실에 구축하였다. 구축한 연구 내용을 정리하여 2004년 경호무술 개정본(본인이 직접 연구, 저술, 시연, 편집, 출판해 1인 5역으로 1,704page, 무게 8kg, 대작완성)으로 발간하였다.

이렇게 연구 출판된 『경호무술』은 각 군 관계부대와 직무에 관련된 정부기관인 경찰청, 경호처, 국정원, 법무부, 국무총리실, 국회 등 관계기관을 포함해 대학의 경호 직무 관련(경호, 경찰, 군사, 교도 등) 학과와 경호무술원지도자, 수련자들에게 전공 및 연구교재로서 사용되면서 체계화된 학문적 이론과 과학적인 기술이 널리 알려지게 되었다. 아울러 국민의 여가와 체위 향상에 기여하고 있으며, 새로운 직업 창출에도 이바지하고 있다. 또한 해외보급이 본격화되면서 문화외교 역할을 통한 국위선양과 경제활동을 통한 서비스 산업으로 국익에 크게 기여하고 있다. 이처럼 경호무술은 그동안 최단 기간에 우리의 대중적 무예로 크게 발전해 국가와 사회에 기여하게 되어 창시자로서 매우 기쁘게 생각한다.

무예는 전통적으로 지·덕·체를 교육이념으로 삼아 왔으며, 또한 충효의 근본을 가르치는 역할을 담당하기도 했다. 무예를 가장 큰 교육이념으로 여겼던 나라는 동서양을 막론하고 대부분 부국강병을 성공적으로 이루어 오늘날 군사 및 경제 대국이 되었다. 세계사에서 부국강병을 이루게 된 대표적인 나라들로 영국과 일본을 주목하고 있다. 이들 나라의 공통점은 그 나라를 대표하는 무인정신을 꼽는다. 영국은 기사도정신 그리고 일본은 사무라이정신이 바로 그것이다. 이 같은 정신을 무사도 정신이라고 말하기도 한다. 중국 또한 무예를 신(神)이라 부를 만큼 신성시해 왔으며, 무예인들이 인격 도야에 정진하면서 무예인을 도사라 칭하기도 했다. 이처럼 무예는 정치, 경제, 사회, 문화를 초월하는 보이지 않는 강력한 힘으로 다양한 가치를 재창조하는 에너지 원천과 같아 오늘날 첨단과학이 지배하고 있는 21세기가 된 지금도 세계 각국은 무예를 다양한 각도에서 연구하고 활용방안을 모색하고 있다. 많은 나라가 무예를 학교 체육 정규과 목으로 채택해 교육을 강화하고 있으며, 문화 자원화 차원에서 무예에 대한 지식재산 권을 확보하는 데도 힘을 쏟고 있다.

이 같은 변화에서 다소 늦은 감은 있으나 우리나라에서도 2008년 전통무예진흥법이 만들어진 점에 대하여 매우 다행스럽게 생각하며, 경호무술이 향후 국민의 건강 및 문화 생활향상과 더불어 안전하고 행복한 삶을 추구하는 무술로서 한국을 대표하는 무예로서 세계화되기를 바란다. 끝으로 2011년 경호무술 책이 분권 출판되게 도와주신 한국학술 정보(주) 사장님 및 관계자와 우리 가족 모두에게 깊이 감사한다.

경호무술창시자 장명진 약력

- 사단법인 한국경호무술진흥회 회장
- 전통무예원류적통자 모임 간사
- 장명진경호무술원 총원장
- 국무총리실 국가재난관리본부 자문위원
- 초당대학교 경호학과(경호무술) 겸임교수
- 고려대학교 사범대학원 석사과정(경호무술) 강사
- 선문대학교 무도학과, 충청대학 태권도학과(경호무술) 강사
- 국립경찰대학 수사보안연수소(인질협상/경호전략) 강사
- 중국연길시공안국 보안전문대학교 명예교수
- 한서대학교, 서일대학 사회교육원 경호학과(경호무술) 강사
- KBS아카데미 경호원 양성과정(경호무술) 강사
- 사단법인 한국무예포럼 운영위원
- 주식회사 탐경(경호회사) 대표이사
- 국제경호아카데미 원장
- 국제경호협회 회장
- 한국안전교육학회, 한국경호경비학회 운영위원
- 사단법인 한국경비협회 신변보호분과 운영위원
- 사단법인 한국직능단체총연합회 상임부회장
- 제10기 민주평화통일 자문위원(대통령)회 자문위원
- 윗몸일으키기(14,824회) 기네스 기록보유(1990년)
- 『경호무술』, 『경호실무』 저술(개정7권, 1994년~2011년)
- 『경호직무능력표준』, 『경호자격규정집』(2004년~2005년)
- 「경호산업문제분석과 발전방안에 관한 연구」 외 다수
- 대통령표창(2002년), 국무총리표창(2007년)

[무술입문 및 경호무술 창시 보급]

7세에 무예에 입문하여 태권도, 태껸, 합기도, 쿵후 등을 수련하고 경호무술을 창시하는 등 40여 년간 무공을 쌓았다. 1986년 708특공대(경호부대) 복무 중 경호무술 연구를 시작해 1992년 정립한 경호무술을 국내최초로 설립된 국제경호아카데미에서 경호원양성 교육과정으로 지도하기 시작했다. 이후 대학(교) 경호무술학과 및 경호학과 그리고 유관학과에 보급하였다. 1996년 국내최초로 인터넷 경호무술강좌를 시작하였으며, 초·중·고등학생 및 일반인을 대상으로 경호무술원을 개원하여 전국에 보급하고 있다. 중국·미국·남미지역에 해외지부를 두고 세계화 중에 있으며 국내외 주요 방송매체를 통해 크게 주목받고 있다.

목 차

경호무술 창시 기원과 역사

제 2 권 호위발차기법

武
術
組

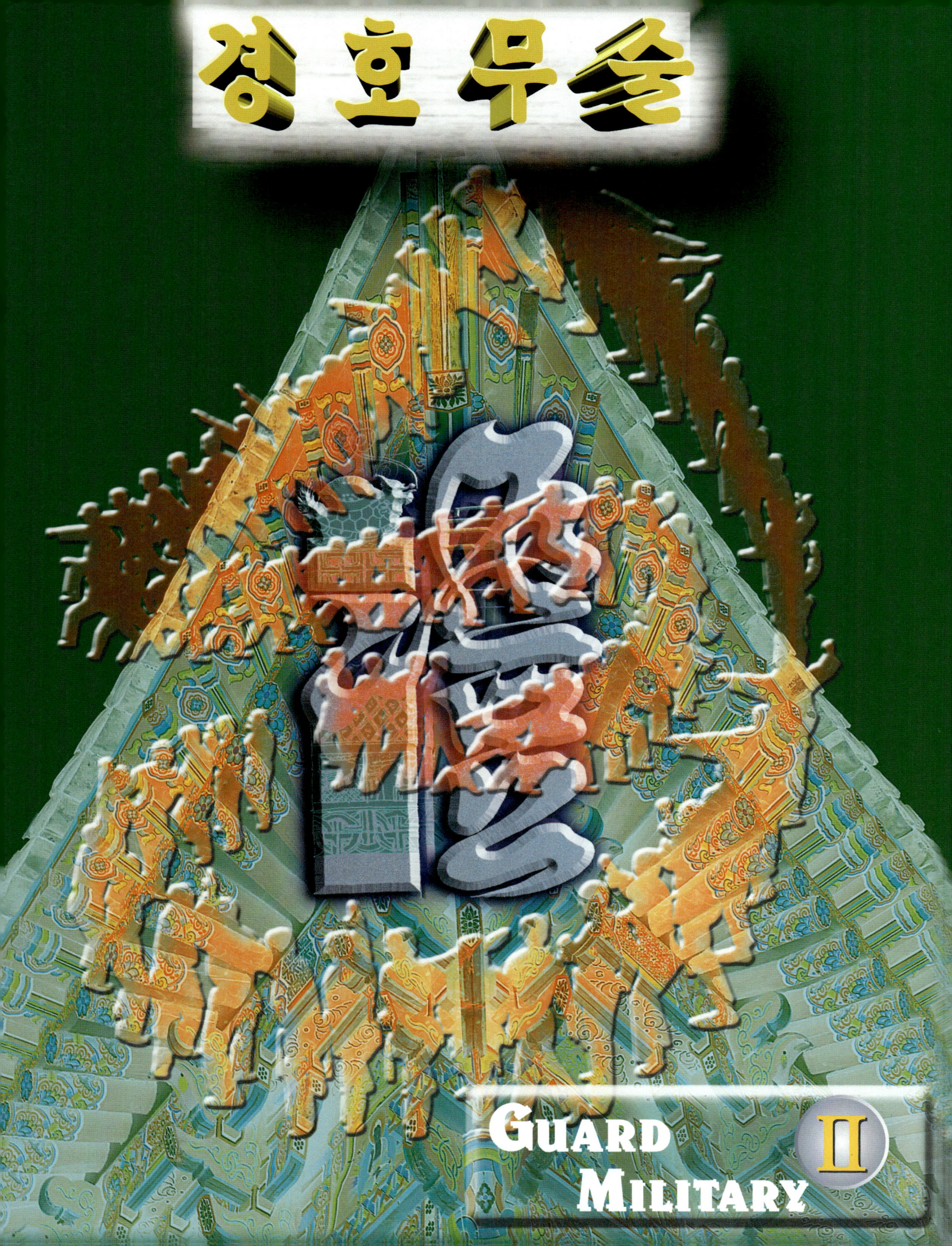

경 호 무 술
GUARD
MILITARY
II

GUARD MILITARY

警
護
武
術

警
護
武
術

警
護
武
術

警
護
武
術

警
護
武
術

警
護
武
術
KOREA

護
警
武
術

警
護
武
術

1. 경호무술 창시 배경과 연구

　경호무술을 연구하게 된 배경은 본인이 1986년 708특공대(경호부대) 군 복무 중일 때이다. 당시 우리나라 최초로 열렸던 국제적인 행사(86서울아시안게임)에 경호임무를 부여받아 경호작전에 투입될 군, 장병에 대한 경호교육훈련 프로그램을 준비하던 중에 경호직무에 필요한 매뉴얼을 연구개발하게 된 것이 경호무술을 창시하는 계기가 되었다.

　당시 우리 군에서는 전술훈련, 유격훈련, 공수훈련, 충정훈련, 대테러진압훈련 등은 매뉴얼화된 프로그램은 있었지만 체계적인 경호훈련 프로그램매뉴얼은 없었으며. 특히, 경호직무에 적합한 호위호신 무술은 개발되어 있지 않았다. 군에서 도입한 당시 무예로는 태권도, 특공무술이 보급되어 있었으나 품세와 발차기 기술위주의 태권도와 야삽술, 총검술, 단검술과 같은 기술위주의 특공무술은 경호직무 수행에 적합하지 않다고 판단되어 경호직무환경에 적합한 새로운 경호기법과 호위호신무술을 창시자 본인이 독자적으로 연구하는 계기가 되었다. 이후 88서울올림픽 경호작전임무를 또다시 맡게 되면서 본격적으로 심도 있는 연구개발을 하게 되었다(본인은 경호학에 대한 학문적 이론을 최초로 정립한 경호실무 원저자이기도 함. 1994년 저술).

　당시 무예연구를 위해 우리전통무예에 관한 문헌을 포함한 국내외 각종무술책 등을 참고했으며, 대통령경호실 연무관을 방문하기도 했었다. 그러나 기술개발을 위한 참고문헌은 매우 부족했으며. 대통령경호실 연무관마저도 태권도 유도 등을 경호원 교육 교과목으로 채택해 수련할 뿐이라 특별히 참고할 만한 것이 없었다.

　경호무술개발을 위해서는 경호직무환경을 충분히 고려하여 연구하고, 호위적 관점에서 기술을 체계화해야 하기 때문에 경호실무에서 요구되는 지식과 기술을 신체운동의 원리와 등속직선운동의 원리(물체에 힘이 작용하면 물체는 운동 방향이나 속력이 변하는 운동을 하게 됨) 등을 결합할 수 있도록 과학적으로 연구해야 한다. 특히 경호환경은 일격필살의 기술도 요하지만, 적을 일시적으로 신체 및 기선을 제압하여 역습을 차단하는 기술과 공격하는 기술이 적이나 제3자에게 노출되지 않도록 하는 기법이 더 요구되기 때문에, 이 같은 점을 고려하여 가능한 기술을 단순화하고 공격기술 또한 고의성이 노출되지 않도록 착안했다. 그리고 고대로부터 전해 내려오는 경혈(급소)에 대한 공격기법과 신체의 타격이 극대화될 수 있도록 다양한(치기, 차기, 꺾기, 찌르기, 긋기, 잡기, 조르기, 비틀기, 밀치기, 당기기, 던지기) 기술을 착안하고 다음으로 기술 간 결합해 응용할 수 있도록 연구했으며, 무기술을 새롭게 배우지 않아도 맨손기술을 무기술로 전환할 수 있도록 체계화해 짧은 기간의 수련으로도 많은 기술과 응용력을 극대화할 수 있도록 했다.

　이외로도 적의 칼, 검, 곤, 총, 폭발물과 같은 무기 공격수단에 따라 대응할 수 있는 무기술을 포함해 다양한 급조무기술이 실전에서 자유롭게 사용되도록 창안했다. 이 같은 체계는 다양한 무예 수련단계를 줄여주는 효과로 인해 수련자가 배우고 익히기에 쉽도록 하는 효과도 있다. 그리고 적의 기습공격유형과 다수의 집단적 동시공격유형에 대비해 유효적절하게 대응할 수 있도록 방향전환과 위치이동에 자유롭고 빠르게 하기

위하여 불필요한 동작을 줄이고 에너지 소모를 최소화될 수 있도록 전환선법체계를 만들었다. 전환선법은 안정된 평형감각을 익히고 전후좌우를 직선, 사선, 곡선으로 짧고 길게 신축성 있게 움직일 수 있도록 체계화했으며, 이를 통해 신법, 두법, 권법, 수법, 족법, 무법을 자유롭게 공방기술로 구현하도록 했다. 즉, 위해기도 자들의 다양한 공격 유형에 신속 정확하게 대응할 수 있도록 착안했다고 할 수 있다. 수련단계 또한 기본 기술을 배우고 그다음으로 기술 간 연결해 혼용하는 방법을 배우고 마지막으로 수준을 높여 응용하는 방법을 배우도록 해 과학적으로 훈련되도록 하였다. 끝으로 수련자가 경호무술을 배우고 익히는데 어렵지 않도록 용법에 맞는 용어를 알기 쉽게 정리하였다. 이처럼 경호무술은 기술의 체계화와 정형화를 완벽하게 구현해 만든 최고의 무예라고 단언한다.

2. 경호무술 태동과 무예발전

무예는 책으로 전해지고 발전되어 내려왔다

무예는 싸움기술로서 상대를 제압하고 적을 살상하기 위한 기술로 발전해 왔다고 할 수 있다. 문헌 속에 담긴 기록에 의하면 무예는 국가적인 차원에서 관리할 정도로 매우 중요시했던 것으로 보인다. 특히 난세에 무예에 대한 중요성을 재인식하고 무예 책을 국가가 직접 편찬해 왔음을 알 수 있다. 우리 민족 무예문헌으로 발견된 무예제보는 임진왜란 직후인 선조 1598년에 편찬된 것이고, 무예제보번역속집은 12년 후인 1610년 광해군 2년에 편찬된 것으로 보아 임진왜란 직후 무예진흥의 중요성이 강조되면서 수년간 집중적으로 연구한 것을 알 수 있으며, 무예도보통지 편찬시점도 정조 14년 때인 1790년 간행된 것으로 군신 간 대립이 극도로 고조되었던 난세의 시기였다.

이 같은 사례는 가까운 중국도 예외는 아니었던 것으로 보인다. 중국의 대표적인 고대 무예서인 무비지를 편찬한 시기도 명나라의 내우외환으로 시대적 암흑기와 같았다. 무비지를 저술한 모원의는 후금 전권에 저항해 싸웠던 인물이다. 특히 여진족과 후금에 대한 적대감이 컸고 이들과 대립하며 무예진흥정책에 심혈을 기울였던 것으로 보인다.

최근 근대사에서도 이와 유사한 점을 발견할 수 있는데 가까운 일본이 제2차 세계 대전 전후에 유도, 공수도, 합기도와 같은 책을 집중적으로 출간하였으며, 우리나라에서도 6·25사변 전쟁 직후인 1959년 최홍희 현역장군에 의하여 태권도 책이 출간되었던 점 또한 전쟁과 무관하지 않다.

본인이 저술한 경호무술 또한 사회질서가 문란하고 국제환경 또한 새로운 테러리즘에 의하여 개인의 신변위험이 크게 증가하면서 시대적 필요요구에 의하여 태동하는 배경이 되었다고 할 수 있다. 아울러 이런 관점에서 경호무술을 책으로 집대성하여 표준교범을 출간한 것이다.

무예연구는 국가가 주도(살생술 집중 연구)

이처럼 무예는 시대를 초월하여 권력유지와 국력을 유지하기 위한 수단적 가치로 널리 인식되었고 이로 인해 난세, 전쟁, 치안이라는 공통된 위험에 의하여 무예는 그 대안으로 자연스럽게 연구되었다는 사실이다. 아울러 이 같은 시기에 무예기법을 집중적으로 연구하면서 적을 효과적으로 제압하고 살상시킬 수 있는 기법을 연구하기 위하여 무예연구 전담기구들을 두었음을 알 수 있다. 이 같은 단서는 무예도보통지 기록에도 있다. 무예도보통지 편찬을 정조대왕의 명에 의하여 집필했다는 기록으로 봐서 국가가 전담 기구를 두고 주도적으로 연구케 했음을 알 수 있다.

이 같은 기구에 의한 무예연구는 맨손무예부터 창, 칼, 검, 곤과 같은 다양한 무기무예의 수련법까지 연구하고 더 낳아가 적을 효과적으로 살상할 수 있는 기법 개발을 위하여 살상력 효과를 보다 극대화하기 위하여 오늘날 화력전, 생화학전, 대테러전 등에 대비해 연구하듯이 당시에도 전문 연구기관을 두고 근접 육박격투전이 비중 있게 치러지던 전쟁의 특성상 이를 체계적으로 연구에 몰두했던 것으로 보인다. 특히 오늘날까지도 전해 내려오는 신체급소인 혈을 연구하기도 했던 것으로 보인다. 그리고 이 같은 연구를 위해 전쟁에서 포로로 잡혀온 적장이나 병사들을 대상으로 다양한 공격기법을 적용해 신체반응과 의식반응 호흡반응 등을 집중적으로 연구했을 것으로 추정된다.

그리고 지금까지 전해지고 있는 무예기법에서 사람을 치는 데는 반드시 그 혈로써 하는데, 훈혈(暈血)·아혈(啞血)·사혈(死血)이 있다. 그 혈을 가려서 가볍게 또는 무겁게 치면, 혹 죽기도 하고, 혹은 혼수상태에 빠지기도 하고, 혹은 언어장애인이 되기도 하는데, 털끝만큼도 차이가 없다는 기록이 있는 것으로 보아 신체 실험에 의한 것이 분명한 것으로 보이며, 당시의 연구들이 상당한 경지의 기법들로 연구되어 체계화되었던 것으로 보인다.

그리고 이같이 개발된 기법은 소수 핵심인물을 중심으로 공유되고 일반인들에게는 전승되지 않았던 것으로 보이고, 이 같은 비술은 왕을 호위하는 호위무사들에게 전승되어 오지 않았을까 하는 생각을 해 봤다. 또한 나라마다 이 같은 연구결과물을 비밀에 부치고 비급술로 전해졌으리라는 것이 본인의 연구결과다.

21세기 무예는 다가치에 의하여 발전

오늘날 현대사회에서는 무예가 전쟁뿐 아니라 범죄 및 테러의 증가 원인으로 개인의 호신적 기능으로 그 역할을 하고 있고 이외에도 국민의 체육 증진과 교육 증진에 이바지하고 있다.

최근에는 다양한 무예대회로 인한 스포츠와 오락 등으로 참여하고 즐기는 새로운 문화로 발전되고 있으며, 더 나아가 무예문화적 예술로 점프와 같은 무예공연으로까지 발전하고 있다. 이처럼 21세기 무예는 다가치에 의하여 다양한 영역으로 더욱 발전하리라 예상한다. 이처럼 대중적으로 수련층이 남녀노소로 확대되면서 보고 즐기고 참여하는 문화로서 새로운 무예문화로서 우리 생활 깊숙이 뿌리내리고 있다. 이 같은 변화는 이미 시작되었다고 할 수 있으며, 단순한 문화를 벗어나 이제는 무예산업으로 볼만큼 그 영역이 이미 전문화되어 있고 시장이 팽배해져 있다.

이처럼 무예가 다양한 계층과 사회에 기여하면서 그 기능과 역할이 확대될 것으로 보이며, 앞으로 경호무술이 무예산업을 주도해 나아갈 것으로 본인은 믿어 의심치 않는다. 옛날부터 전해 내려오는 말 중에 무예를 배우지 않는 사람은 자신의 몸을 귀하게 하지 않는 것과 같다는 말이 있다. 무예는 선택이 아닌 필수로서 우리 생활 속에 깊이 스며들고 있으며, 이로 인해 무예는 앞으로도 변함없이 계속 발전해 나아갈 것으로 보인다.

3. 경호무술은 우리 민족의 대표적인 전통무예다

전통무예 복원과 재현

경호무술은 역사적으로 조선시대에 궁중의 군왕과 궁성의 경호를 맡아보던 호위청(扈衛廳)(인조원년 1623년~고종 1894년)의 무예를 현대적 사회 여건과 무기 등 변화된 환경 등을 고려해 경호실무를 기초로 창시자 본인에 의하여 연구개발된 것이며, 전통무예정신을 기초로 체계화하였기 때문에 경호무술은 전통무예의 맥을 계속 발전시킨 것이라 하겠다.

우리나라에서도 많은 무예인이 전통무예를 복원하려고 심혈을 기울여 노력하고 있으나 기술체계에 관한 원형이 거의 남아 있지 않아 복원하기 어려운 상황이다. 따라서 그동안 연구개발된 대부분의 전통무예들은 복원무예라고 하기보다는 재현무예에 가깝다고 할 수 있다. 현재 복원했다고 하는 24반무예를 제외하고 18기, 6기 검법, 본국검, 마상무예 등은 80~90% 이상이 엄밀하게 말하면 유추해 재현한 것으로 복원무예라고 말하기에는 무리가 있다. 그나마 무예도보통지와 같은 실증적인 문헌이 존재하고 있어 재현에 근거가 될 수 있어 다행스러운 일이다.

그러나 그 외 복원무예라고 하는 무예 중 조선세법은 중국 명나라 때 모원의 라는 사람이 <무비지>라는 책에 조선세법(조선에서 배운 검법이라는 뜻)을 소개한 문헌을 근거로 우리의 전통무예를 복원했다고 주장하는 무예도 있다. 국명(國名)으로 사용했던 '조선'이라는 단 두 글자와 도면을 근거해 복원했다고 하는 무예를 과연 복원무예라고 할 수 있을까? 특히 조선세는 무예도보통지 24기 중 1기에 불과하고 무비지 24세 기본자세만으로 복원한다는 것 자체가 불가능하다고 보인다. 그리고 조선세법은 사실상 무예도보통지에 수록된 내용으로 새로울 것이 없다고 생각한다.

고 문헌에서 찾은 1,200년 된 경호무술 발굴

이같이 문헌적인 관점에서 경호무술을 바라본다면 경호무술이야말로 우리 전통무예 중에 가장 역사가 깊고 명확한 전통무예로서 대표할 수 있다고 본다. 물론 무예에 관한 사료가 부족하다 보니 성과가 노력보다 그다지 크지 않았지만 우리 민족 전통무예 경호무술이 있었다고 추정할 만한 문헌을 찾기는 그리 어렵지 않았다. 그러나 안타깝게도 1,300년 전부터 조선 말기까지 호위청에서 비술로 전승되어 오던 경호무술이 일본군에 의하여 단절되었다는 사실을 확인하게 되었다. 다시 말해 문헌을 통해 우리나라도 고유한 경호무술이 있었다는 사실을 알 수 있었다.

그리고 우리나라 경호무술의 역사는 문헌적 근거만으로 본다면. 신라 진덕 5년부터 조선 고종 31년까지 1,200년의 긴 세월 동안 이어온 무예임을 알 수 있다. 왕과 세자 그리고 왕성을 호위하기 위하여 설치되었던 기구들이 우리 역사기록에 고스란히 남아 이를 입증하고 있기 때문이며, 결정적인 단서로는 무예도보통지 저술에 참여했던 백동수 등은 왕의 호위를 담당하던 호위청(장용영)의 호위무사들이었다는 사실이 이를 뒷받침하고 있는 것이다.

고대 신라시대부터 고려시대 조선시대에 이르기까지 왕을 호위하기 위한 전담 기관을 두고 있었음을 문헌을 통해 확인할 수 있었으며. 그 기원과 기관은 신라 진덕 5년(651년)에 설치된 시위부[侍衛府], 고려 명종 9년(1179년)에 설치된 서방 [書房], 고종 14년(1227년)에 설치된 도방[都房], 조선 태종 7년(1407년)에 설치된 내금위[內禁衛], 태종 18년(1418년)에 설치된 익위사[翊衛司], 인조(仁祖)원년 (1623)에 설치된 호위청(扈衛廳), 정조 1년(1777년)에 설치된 숙위소[宿衛所], 고종 31년(1894) 호위청(扈衛廳) 등이 존재했음을 알 수 있다.

그러나 그 명맥이 하나로 이어졌다고 보기 어렵더라도 인조원년에 설치되어 고종 31년까지 유지되었던 호위청을 기준으로 보더라도 300년의 긴 역사를 유지한 것은 매우 놀라지 않을 수 없다.

일본군에 의하여 사라진 경호무술

조선시대 인조(仁祖)원년(1623)에 군왕과 궁성을 경호하기 위하여 호위4청을 두었고. 이후 현종(顯宗) 때에 호위 3청으로 개편한 후 정조(正祖) 2년(1778)에 호위1청으로 또다시 개편되었다가 고종 31년(1894)에 일본군이 경복궁을 점령하면서 호위청이 강재로 폐지되었다(갑신정변 이후 고종의 갑오개혁에 의한 군제개편으로 호위청이 폐지됨. 신식군대 도입의 일환이라고는 하지만 실상은 일본군 강압에 의하여 고종의 호위친위부대를 해체해 마지막 남은 조선의 왕권을 찬탈한 것이며. 이때 호위무술도 사라지게 됨). 이처럼 호위청에 관한 문헌은 조선왕조실록(인조실록, 정조실록, 고종실록)에 기록되어 전해 내려오고 있으나, 아쉽게도 지금으로서는 호위청에서 수련했던 경호무술원형을 확인할 수 있는 문헌이 발견되지 않았다. 그러나 다행스럽게도 훈련도감이었던 최기남이 편찬한 무예제보 번역속집 권법과 호위무사였던 백동수 등이 편찬한 무예도보통지 권법에 일부 단서가 남아 있어 귀중한 자료가 되고 있다. 그리고 100여 년 전에 일본군에 의하여 호위청이 강제 폐지될 때까지 300년간 이어온 점을 고려할 때 그 역사가 매우 깊은 만큼 매우 뛰어나고 훌륭한 경호무술 기술체계를 유지해 전승됐으리라는 추측이 가능하다.

이같이 고종 31년까지 300여 년간 우리전통무예문화로서 찬란하게 이어져 내려 왔을 경호무술에 새 생명을 불어넣어 우리전통무예로서 후대에 훌륭한 문화유산으로 전해지기를 바라는 마음 간절하다. 일본군에 의하여 강제로 사장되어 100여 년간 역사 속에 묻혀 있던 호위무술이 21세기에 찬란하게 경호무술로 부활하기를 기대한다.

4. 무예고서에서 찾은 호위청의 경호무술

무예도보통지는 호위무사가 연구

경호무술연구에 전통적인 맨손무술인 권술, 권법, 공수라고 불리는 무예와 특히 조선 정조대왕 때 발간된 무예도보통지 권법은 본인이 경호무술을 연구하는 데 많은 도움이 되었다. 무예도보통지 편찬에 참여했던 인물 중 백동수 등은 정조대왕을 최측근에서 호위하던 호위청의 호위무사들이었고 이들이 남긴 문헌 속에서 경호무술의 단서를 유추할 수 있었다.

기효신서편에 나오는 권법해를 보면 권법은 수족을 활동시키고, 지체를 단련하니, 이것은 초보자들이 무예에 입문하는 길이다. 그리고 각종 무기술은 권법으로 몸을 움직임에서부터 유례하지 않는 경우가 없으매, 권법이란 것은 무예의 근원이다. 이렇게 기록되어 있다. 본래 무예는 권법, 즉 맨손무예를 제대로 익혀야 곧, 창, 칼, 검과 같은 무기술을 연마하는 데 어려움이 없다고 했다. 권법은 모든 무예수련에 있어서 그 기본이 된다고 강조됐으며, 이 같은 맨손무술은 적의 기습공격에 흔하게 벌어질 수 있는 경호 환경에서는 더욱 중요시된다고 할 수 있다.

오늘날 전통적인 무예를 연구하기 위해서는 고 문헌을 참고해 연구해야 하는데, 대부분 무예 관련 문헌은 조선실록으로 무예에 대한 발언록이 대부분이고 고 군사서에 나오는 유사자료 또한 군 전략 전술과 같은 내용으로 수록되어 무예원형에 대한 연구에는 큰 도움이 되지 못하는 것이 사실이다. 이렇듯 무예를 참고할 만한 고 문헌이 그리 많지 않은 상황에서 조선 광해군 때에 발간된 무예제보번역속집과 조선 정조 때에 발간된 무예도보통지만이 유일한 무예참고서라고 할 수 있다. 물론 역사적으로도 국내 유일본으로 사료적 가치로 볼 때 매우 중요한 가치를 지녔다고 할 수 있다. 그리고 무예서적에 나오는 여러 무예기법 중에서도 특히 권법을 참고해 연구하면서 새로운 사실을 알게 되었고 기술 및 기술체계에 대한 기술정립의도를 유추할 수가 있었다.

무예도보통지가 현재 남아 있는 무예교재로서는 최고 수준의 것만큼은 사실인 것으로 보인다. 그러나 본인이 연구해본 바로는 최고수준의 무예는 아니라는 결론을 얻었다. 물론 오늘날의 무예 수준과 비교한다면 더욱 그렇다고 할 수 있다. 그렇다면 왜 낮은 수준의 권법을 무예도보통지에 기술해 놓았을까? 궁금하지 않을 수 없다.

그동안 다른 무예인들의 연구는 무예도보통지 무예를 복원하려는 데 문헌에 있는 원형기록이 부족하고 도해가 정지된 장면이어서 연결동작을 알 수 없고 해설 내용 또한 예측하기 어렵다 보니 복원에 한계를 느껴 현란하고 화려한 동작 위주로 재현하려고 노력한 흔적들이 많이 나타난다. 이 같은 특징은 검술 등에서 두드러지게 나타나는 것으로 보인다. 그러나 본인은 우선 다른 무예인들과는 달리 무예도보통지 속에 호위적 관점에서 우리의 전통적인 경호무술이 어디에 그 단서가 남아 있지 않을까 하는 생각으로 무예제보번역속집과 무예도보통지에 기술된 권법에 주목하게 되었다.

특히 정조 대왕 어명에 의하여 무예도보통지 저술에 참여한 인물들이 정조를 최측근에서 호위하던 호위무사들로 구성된 점을 들어 당시의 경호무술 단서를 찾을 수

있을 것이란 생각을 하게 되었다. 아울러 달라진 현대적 경호환경에서 필요한 경호기법과 무예의 원리라도 경호무술은 그 기본 원리는 같지 않았을까 하는 호기심도 작용했다. 물론 경호환경이 아니더라도 권법은 변화된 시대적 환경에서도 여전히 맨손무술의 필요성이 강조되기 때문이다. 과거와는 달리 고전적인 칼, 검 무기체계와는 달리 현대화된 다양한 총기류와 폭발물 등으로 새로운 경호기법이 요구되기는 하지만 상대적으로 다른 위협수단 및 수준에 따라 맨손무술이 필요한 환경도 여전히 존재하기 때문이다. 그리고 무예자세와 체계는 물론 교육훈련을 염두에 두고 당시에 설정된 수련체계 및 수준설정은 어떻게 구성했는가 하는 관점에서 접근하려고 노력했다. 교육훈련이란 가르치고 배우는 관계가 설정되고 그 대상의 수준과 훈련의 목표를 설정했으리라는 추정을 했고, 이 같은 문제는 오늘날에도 꼭 필요한 설정이기 때문이다. 무예의 비술이나 비법을 확인하기 위해 연구를 시작했지만 무예문헌을 보면서 교육훈련 체계와 원리 교육훈련의 목표설정 등에 더 관심을 두었다고 할 수 있다.

무예도보통지 권법

　무예도보통지를 저술한 이들은 당대 최고의 무예전문가라고 할 수 있는 이덕무(李德懋) 박제가(朴齊家), 백동수(白東修) 등이었다. 다른 군사서적들이 전략·전술 등 이론을 위주로 한 것임에 비해 이 책은 무예동작 하나하나를 그림과 글로 해설한 실전 훈련서라는 특징을 지닌다. 그러나 동 권법에 대한 기술체계에 대한 원형을 모두 이해하기에 매우 어렵다고 할 수 있다. 무예동작 그림에 해설이 붙어 있기는 하지만 동작이 연결되어 있지 않고 해설 또한 대부분 특정자세에 대한 고유 명칭이 존재하고 있는데 정지된 기초자세로서 다른 동작으로 이어지는 자세를 이해할 수 없기 때문이다. 무예도보통지 권법에 등장하는 34개의 자세명칭(탐마세(探馬勢), 요란주세(拗鸞肘勢), 현각허이세(懸脚虛餌勢), 순란주세(順鸞肘勢), 칠성권세(七星拳勢), 고사평세(高四平勢), 도삽세(倒揷勢), 일삽보세(一霎步勢), 요단편세(拗單鞭勢), 복호세(伏虎勢), 하삽세(下揷勢), 당두포세(當頭砲勢), 기고세(旗鼓勢), 중사평세(中四平勢), 도기룡세(倒騎龍勢), 매복세(埋伏勢), 오화전신세(五花纏身勢), 안시측신세(雁翅側身勢), 과호세(跨虎勢), 구유세(丘劉勢), 금나세(擒拿勢), 포가세(抛架勢), 접주세(拈肘勢), 나찰의출문가자변하세(懶札衣出門架子變下勢), 삽보세(霎步勢), 단편세(單鞭勢), 금계독립세(金雞獨立勢), 지당세(指當勢), 개정법(箇丁法), 수두세(獸頭勢), 신권(神拳), 일조편세(一條鞭勢), 작지용하반퇴법(雀地龍下盤腿法) 조양수편신세(朝陽手偏身勢))이 존재하지만 지금으로서는 대부분 명확하게 해석할 수도 없다.

　다만 무예제보와 중국의 무비지 및 기호신서에 나오는 도면 그림과 해설을 참조해 유추할 수 있는데 명칭과 자세가 약간씩 변형되어 확신할 수 없다. 다만 특징적인 것은 무비지에서 권법을 소개하기를 권법은 32세로 구성되어 있고 세마다 이어져서 변화가 무궁하여 미묘함이 헤아릴 수 없으니 깊도다. 어느 경지에 오르지 못하면 아무리 궁리해도 알지 못함으로 신(神)이라 부른다고 소개되어 있다. 무예도보통지 권법은 중국의 무비지권법세를 거의 그대로 도입하면서도 무비지 권법과는 달리 병사들 교육훈련에 필요한 표준형을 제시한 것으로 보인다. 그러나 권법이 지금의 태권도처럼 길게 이어진 품세와 달리 간결하게 구성되었고 간결하게 구분된 권법동

작을 다른 권법동작과 연결되도록 구성해 배우고 또 익히기 쉽고 실전에 응용이 쉽게 체계화된 것으로 보인다.

무예제보번역속집 권법편에 보면 자세명칭이 42개 기본자세가 나오지만, 무예도보통지에는 34개의 기본자세만 나온다. 그리고 무예제보 권세총도를 보면 무예도보통지의 간결한 권법과는 달리 지금의 품세처럼 길게 이어진 권법형으로 이루어져 있다. 그리고 중국의 문헌들을 살펴보면 발차기 수련법만 해도 18가지나 되었다고 기록되어 있으나 무예도보통지 권법에서는 발차기를 거의 볼 수가 없다. 역시 현재나 과거나 발차기는 여전히 고난위 기술이었던 것으로 보인다.

권법을 간결하게 구성한 이유

중국 고서 영파부지(寧波府志)에 이르기를, "소림법(少林法)은 사람을 치고 솟구치며 뛰며 분기하여 뛰어넘는 것을 위주로 하는데, 혹 잃어버리고 소홀히 되었다. 때문에 가끔 사람들이 꾀하는 바가 되었다.

송계법(松溪法)은 적을 방어하는 것을 위주로 하며 곤액(困厄)을 당하지 않으면 술법을 발휘하지 않는다. 발휘하면 마땅히 반드시 쓰러뜨리는바 가히 꾀할 틈을 없게 한다. 사람을 치는 데는 반드시 그 혈로써 하는데, 훈혈(暈血)·아혈(啞血)·사혈(死血)이 있다. 그 혈을 가려서 가볍게 또는 무겁게 치면, 혹 죽기도 하고, 혹은 혼수상태에 빠지기도 하고, 혹은 언어장애인이 되기도 하는데, 털끝만큼도 차이가 없다. 더욱이 신비한 것은 경(敬)·긴(緊)·경(徑)·근(勤)·절(切)의 다섯 자 비결은 입실(入室) 제자가 아니면 서로 전수하지 않으니, 대개 이 다섯 자는 일반적으로 쓰지 않고, 그 쓰임을 신비하게 하는 바 오히려 병가의 인(仁)·신(信)·지(智)·용(勇)·엄(嚴)과 같다고 할 것이다."라고 쓰여 있다. 당대 조선최고의 무예전문가라고 할 수 있는 이덕무(李德懋) 박제가(朴齊家) 백동수(白東修) 등이 이를 모를 리 없었다고 본다. 이들은 정조대왕의 어명에 의하여 왕명에 의하여 움직일 수 있는 호위청, 이후 정조대왕의 장용영친위군대를 확대 개편했다.

정조는 자라면서 아버지인 사도세자가 뒤주 속에 갇혀 죽는 광경을 목도해야 했고 이후 자신이 권좌에 오르고도 실권을 장악하고 있던 노론에 의하여 자신이 갖고 있던 정책을 마음대로 펼칠 수도 없었으며, 즉위 이후 연달아 일어난 세 번의 암살기도 등에 의하여 신변위협을 크게 느낀 정조대왕은 자신을 호위하던 호위청, 숙위소, 장용위, 장용영 등으로 새로운 금위체제에 따라 조직, 개편하여 노론의 사병이나 다름없었던 기존 5군영에 대항할 수 있는 왕의 친위부대인 장용영을 확대해 왕권 강화를 시도했다.

당시 호위청은 300여 명 내외로 최소한의 호위무사로 구성된 부대로서 노론이 군대의 전권을 장악한 5군영에 대항하기에는 턱없이 부족할 수밖에 없었다. 그래서 단순히 왕을 호위하는 호위부대를 뛰어넘어 왕권을 강화할 수 있는 군대를 육성해 노론이 장악한 5군영에 대항할 수 있는 친위부대를 목표로 했던 것으로 보인다. 이 같은 임무를 장용영장교 백동수에게 주어졌고, 병사들에게 효율적으로 훈련할 수 있는 수준의 권법을 체계화하는 과정에서 200여 년간 이어져 내려온 호위청의 비술[祕術]인 경호무술이 기초가 되었다고 보인다. 그러나 이들에게 모두 익

히게 하는 데에는 여러 어려움이 있었을 것으로 보인다. 특히 중국에서 전해 내려왔다는 경(敬)·긴(緊)·경(徑)·근(勤)·절(切)의 다섯 자 비결은 입실(入室) 제자가 아니면 서로 전수하지 않은 것처럼 이에 버금가는 조선의 호위청의 비술[祕術]은 국가 기밀사항으로 보안 취급되어 일반노출은 꺼렸을 것으로 보이며, 또한 일반병사들에게 호위청의 비술을 가르친다고 해도 고난도의 수련을 위해서는 장시간의 수련기간과 타고난 신체조건 등이 전제되어야 체득 가능한 매우 어려운 고난도 무예였을 것으로 보인다. 아울러 수련과정 또한 누구나 가르친다고 체득하거나 배울 수도 없었을 것이다.

따라서 시간도 많지 않을뿐더러 고난도의 비술을 체득할 만한 타고난 신체조건(운동신경)의 병사들을 확보하기에도 어려움이 컸을 것으로 보이며, 특히 노론의 사병에 맞설 수 있는 정예 병력을 짧은 시간 안에 양성하기 위해서는 습득하기 쉬운 낮은 수준의 기술체계 수련단계로서 실전력 있는 제압기술 위주로 체계화와 정형화에 힘썼을 것으로 추정된다. 이 같은 사실은 그림과 해설용어 등으로 짐작할 수가 있다.

무예도보통지의 권법에서는 명나라 중엽에 소림권법처럼 솟구치며 뛰며 분기하여 뛰어넘는 동작을 찾아볼 수가 없다. 그리고 무예제보번역속집에 나오는 복잡하고 힘든 자세로 이루어진 권법형도 없으며, 중국문헌에 나오는 18가지 발차기도 거의 발견할 수가 없다. 무예도보통지에 기술된 그림과 해설내용을 참고해 볼 때 짧은 시간으로도 습득할 수 있고 타고난 신체기능(운동신경)이 없어도 충분히 체득할 수 있도록 보통의 낮은 수준의 기술체계가 무예도보통지 권법의 특징이라고 할 수 있다. 그림에 등장하는 시현인물을 보면 체격이 우람한 것을 알 수 있다. 그리고 배가 나오고 많은 동작에서 손동작이 대부분으로 구성되어 있다 이것은 중국의 내권기술 중 상대의 급소공격 위주로 권법체계를 갖춘 것으로 보이고 그림에 등장하는 발차기는 족장밀어차기자세로 발차기 중 가장 손쉬운 동작이면서도 가장 유용한 발차기이다. 직선으로 다가오는 적의공격으로부터 허리 몸통 높이로 발을 낮게 들어 올려 뻗어 차는 동작으로 방어에 쉬운 발차기이면서 적을 창이나 칼, 검 등의 무기로 찌른 후 무기를 신속하게 뺄 때 사용될 수 있는 가장 효과적인 발차기인 셈이다.

그리고 권법동작이 간결해 일격필살로 적을 단번에 제압하고 이에 실패했을 때에는 다른 권법자세를 이어 혼용해 공격하게 한 점은 매우 실용성이 뛰어난 권법이다. 동 권법은 일반병사들을 교육훈련하기에 적절한 체계로서 그 어떤 무예나 권법보다도 과학적으로 연구된 매우 훌륭한 군 권법이라고 말할 수 있다. 만약 이와 같은 권법이 아닌 소림권법과 같이 현란한 권법체계를 그대로 도입되었거나 오늘날의 태권도처럼 복잡한 품세체계와 고난도의 발차기를 갖추고 있었다면 실용적인 군사무예가 되지 못했을 것으로 보인다. 호위청의 호위무사들만이 수련했을 것으로 보이는 비술[祕術]인 경호무술을 병사들에게 가르치려 했다면. 더더욱 문제가 되었을 것으로 보인다.

호위청 경호무술의 단서?

무예도보통지에 기술된 권법은 호위청의 호위무사들이 아니었다면 일반 병사들이 배우고 가르치고 익히기 쉬운 권법체계를 연구하지 못했을 것으로 생각한다. 이 같은 결과는 당시 200년간 지속하여온 호위청의 비술[祕術]인 경호무술이 전해 내려왔기 때문으로 보인다.

무예도보통지를 연구해 경호무술에 적용한 부분은 권법동작의 간결성과 혼용성 부분으로 어떻게 보면 잊혀진 경호무술의 단서를 무예도보통지 권법을 단서로 유추해 역해석할 수 있었다고 본다. 호위청에서 수련했을 비술[祕術]인 경호무술이 호위무사였던 백동수 등에 의하여 무예도보통지에 그 단서를 남겼고 본인에 의하여 발견되어 경호무술을 완성하는 데 큰 도움이 되었다고 할 수 있다.

무예도보통지에 기록된 권법 동작의 간결성과 혼용성을 단서로 맨손동작에 칼, 검, 곤무기의 혼용과 응용으로 경호무술에 적용해 체계화했다. 물론 무예도보통지 권법과는 달리 소림권법처럼 솟구치며 뛰며 분기하여 뛰어넘는 고난도 동작 등도 조선 특유의 독창적인 체계로 호위청의 호위무사들에게 비술[祕術]로 수련되고 전승됐다고 보이며, 이 같은 고난도의 기술도 유추해 적용했다. 무예도보통지 권법체계는 기초기술로서 비술[祕術]의 단서라고 생각한다. 이를 뒷받침할 수 있는 것이 1610년 광해군 2년에 훈련도감 최기남에 의하여 편찬된 무예제보번역속집에 더 확실하게 나타난다. 무예제보번역속집은 중국의 기효신서의 권보50과 새보전서의 송태조 권법 32를 보충하여 새롭게 권보 42로 체계화한 것은 조선 특유의 무예로 발전되어 있었음을 알 수 있다. 이 같은 단서로 기술체계를 재현해 변화된 현대적 환경에 맞도록 새롭게 창안하여 이미 없어지고 잊혀진 우리 민족 전통무예를 계승발전시키고 조선시대에 존재해 왔던 호위청의 호위무사들이 익혔을 비술[祕術]을 100여 년이 지난 지금 호위청의 경호무술을 유추 재현해 오늘날의 현대적 창시 경호무술을 완성하게 되었다.

5. 경호무술 창시 20년사

1986 4.   708특공대(경호부대) 군 복무 중 86서울아시안게임과 88서울올림픽게임 경호작전임무
            계기로 창시자장명진선생에 의하여 독자적으로 경호무술연구 시작

1992 2.16 경호무술작명(경호직무수행에 필요한 지식과 기술)교안 완성
      2.16 국제경호협회 설립(고유번호 : 204-82-69117)
      3.21 국제경호아카데미 설립(사업등록번호 : 216-95-04418 현유지)
      5.20 국제경호협회 경호무술 인증기관 지정(지부인증 지정)
      8.20 중랑경찰서 신내파출서 형사 및 경찰 경호, 경호무술 사용자제 요청

1993 4.18 학원설치운영에 관한 법률에 경호교육(경호무술)을 포함하는 개정안 교육부에 건의
      12. 1 교육부 대학행정지원과 경호교육(경호무술교과) 자문 지원
      12. 4 경호실무 연구 보완

1994 4.15 국제경호시스템(경호전문회사-주식회사 탐경 법인전환)설립
      4.20 국제경호협회 중랑지부 설립(지부장 변만균)
      9.29 국제경호협회 서울특별시 사회단체 신고(신고번호 : 제504호)
      10.10 서울지방경찰청 수사과 창시자 연행 대통령경호실법 관명사칭위반
             (제5조 경호시: 경호관을 경호원이라 칭한다)조사
      10.24 경호무술세미나 1회 개최(무술체육관 관장, 사범대상 24명)
      11. 4 출판사 등록(등록번호 : 제18-49호. 국제경호출판사)
      11.15 경호실무(경호무술 교과 포함)출판(등록 : 제18-49호, 저작권등록번호 : 제C-2005-000737호)
      11.17 경호호신법을 경호운전술법,경호사격술법,경호무술로 재 정립
      11.18 실무자 경호무술교수법 연수 개최(국제경호협회본부장, 예비지부장대상)
      11.20 국제경호아카데미 경호원중급, 고급 양성과정 경호무술 인증

1995 2.18 국제경호협회 노원지부 설립(지부장 강영재)
      2.25 1995년 상반기 경호무술지도자 교육수료(12명)
      2.26 국제경호협회 강원본부 설립(본부장 이승일)
      3. 7 무술협회, 체육대학에 경호실무책 400여 권 증정
      4. 1 국제경호협회 마포지부 설립(지부장 장용진)
      4. 4 국제경호협회 충주지부 설립(지부장 이근학)
      4.15 월간신동아 5월호 경호무술 기사게재
      4.29 국제경호협회 동해지부 설립(지부장 김동준)
      5.17 전국치안봉사활동 사업시행(200명 참가)

5.20　국제경호협회 용인지부 설립(지부장 박장기)

6. 1　국제경호협회 장흥지부 설립(지부장 박대순)

7.24　국제경호협회 인천지부 설립(지부장 안창영)

7.29　국제경호협회 강릉지부 설립(지부장 함동천)

9. 2　국제경호협회 횡성지부 설립(지부장 신대선)

9.30　교육부 대학 행정지원과 경호 및 경호무술학과 설립인가 자문지원

10.12　학원폭력예방운동 봉사 참여(학원폭력예방재단)

11. 4　청원경찰 보수교육 강사지원 사업시행(6명)

12. 5　학교폭력퇴치법 경호무술 시범 스포츠서울 7일자 신문기사 게재

1996　1.15　국제경호아카데미 주최 학교폭력추방 호신술대회(4일간)-월드태권도기사게재

2.14　백혈병어린이돕기 헌혈운동 참여(헌혈증서 250장 적십자사 기증)

2.20　국제경호협회 아산지부 설립(지부장 차민철)

3. 4　경호무술세미나 2회 개최(국제경호협회본부장, 지부장대상)

3.20　국제경호협회 구리지부 설립(지부장 김광기)

4.15　국제경호협회 강남본부 설립(본부장 석기영)

4.16　여성경호원 경호무술시범-월간 연합 5월호 기사게재

4.20　학원폭력상담실 사업운영 시행(콜센터 전국 23개 지부 참여)

6.17　주식회사 탐경 법인설립(국제경호시스템을 법인으로 전환 및 사명 변경)

6.24　서울경찰청 경호서비스 제73호 허가 최초

7. 8　국제경호협회 업무표장 등록(출원번호 제94-000055호)

7.22　국제경호협회 부산남구지부 설립(지부장 김창남)

8. 9　경호무술세미나(8.9~8.17 일본 고송싼타빌)무술신문 26일자 보도게재

9. 4　학원폭력 예방을 위한 경호무술지도(한국학원폭력예방운동재단)

9. 6　국제경호협회 전주지부 설립(지부장 봉필환)

9.15　경찰청 경호무술 지도(경찰청 직원, 청원경찰 등)

9.15　쌍용그룹 경호원 경호무술지도(마포구 쌍용연수원)

9.23　국제경호협회 인터넷 홈페이지 경호무술교실 개설(동 산업계 최초 ibga.co.kr)

10. 2　한국 특급호텔 안전관리실장협의회 교류 협정(12개 호텔)

11. 5　경호실무(경호무술) 개정 출판(등록 : 제10-1307호)

11.23　국제경호협회 강북본부 설립(본부장 손상철)

12.10　대학교 및 무술협회, 정부관계기관에 경호실무책 400여 권 기증

1997　1.15　국제경호협회 서비스표등록(출원번호 제94-008342호)

3. 6　충청대학교, 서일대학교육원, 한서대학교 교육원(경호학과) 등 경호무술 인증기관
　　　지정

4.23 KBS아카데미 경호원 양성과정 경호무술 인증기관 지정

6.20 경호원교육훈련 경호무술시범-범죄예방신문 기사게재

7. 1 국제경호아카데미 경호원 초급(3급) 양성과정 경호무술 인증

8.20   서울지방경찰청 수사과 창시자연행 대통령경호실법 위반 종로경찰서 수감 무혐의처리
         (위반 내용 관명사칭 죄 대통령경호실법 제5조 경호사 경호관을 경호원이라 칭한다.)

9.18   중화인민공화국 연길시공안국 보안전문대학 교육훈련 교류협정

11.14 경호학과 및 체육학과 경호실무책 500여 권 기증

1998 3. 1 비영리 경호무술단체발족(가칭 장명진경호무술)

      3.13 경호무술아카데미(현, 장명진경호무술지도자연수원) 개설

      4. 1 국제경호협회 경호자격제도(경호원, 경호사) 교과 및 자격검정시 경호무술을 전공무술 규정

      4. 7 매일경제 Hello Job 취업정보 및 교육훈련 교류협정

      6.26 자격증박람회 참가(테크노마트)

      9.18 사단법인 한국직능단체총연합회 가입(직능경제인지원에관한법률 법정법인 경제단체)

      10.18 경호무술-주간조선 11.5 일자 주간지 기사게재

      11.20 대한민국인명록 장명진 창시자 등재(경호무술 창시자 소개-각종 포털사이트 인물검색 제공)

      12.15 경호학과 및 체육학과, 무술협회, 경찰, 교도대, 군부대 경호실무책 400여 권 기증

1999 3.20 경호실무(경호무술) 개정 출판(등록 : 제10-1307호)

      7.16 종근당 경호원 위탁 경호무술지도(국제경호아카데미)

      7.20 경호무술 자격평가제도 신설

      7.20 경호무술 승단규정제도 신설

      8. 4 아르헨티나 국제시큐리티 세계본부 교류협력 협정

      9. 7 국제직업기술교육박람회 참가(무역센터)

      12. 3 (주)탐경 경비업법에의거 경비원신임교육위탁기관지정 경호무술교과 인증지정

2000 3. 2 경호무술단증 발급 시작(자격평가제도 실시)

      4. 6 장명진창시자 청와대 초청 방문(김대중 대통령 접견)

      5.10 경호무술지도자 자격 발급시작(자격평가제도 실시)

      7.12 선문대학교 국제경호무도학부 학생 경호무술 위탁교육실시(장명진경호무술원)

      10.01 국제경호협회 경호직무전공학과 대상 인증교육기관지정제도 시행을 위한 경호무술 교과 승인협약
            (2009년 현재 전국 41개 대학 경호직무전공학과에 경호무술 전공교과 인정 승인-승단&지도자자격)

      12. 3 경찰, 군부대, 경호학과 등 경호실무책 500권 기증

2001 1. 9 경호원 경호무술 시범단 시범-유행통신 2001. 2월호 보도게재

      4. 3 전국 30개 대학(교)(경호학과)에 경호실무 책 100권 기증

5.17 전국 6개 대학교 사회교육원(경호학과)경호실무 책 20권 기증

6.20 경호실무(경호무술) 개정 출판(ISBN : 89-8337-096-3)

7.14 선문대학교 국제경호무도학부 경호무술교과 채택(국제경호협회 인증교육기관 지정)

7.14 경북전문대학 경찰경호행정과 경호무술교과 채택(국제경호협회 인증교육기관 지정)

9.14 서남대학교 경호학과 경호무술교과 채택(국제경호협회 인증교육기관 지정)

9.20 경북외국어테크노대학 경호레포츠계열 경호무술교과 채택(국제경호협회 인증교육기관 지정)

10.06 인터넷 사이버강의 경호무술 유료 교육서비스 제공(ibga.co.kr)

10.23 서라벌대학 경호레프츠과 경호무술교과 채택(국제경호협회 인증교육기관 지정)

10.23 대구미래대학 경찰행정과 경호무술교과 채택(국제경호협회 인증교육기관 지정)

10.23 대구과학대학 경호과 경호무술교과 채택(국제경호협회 인증교육기관 지정)

10.26 부산정보대학 안전관리과 경호무술교과 채택(국제경호협회 인증교육기관 지정)

12.11 서해대학 경찰경호행정과 경호무술교과 채택(국제경호협회 인증교육기관 지정)

2002 1. 2 경호원이 수련하는 경호무술 시범 - 에꼴 월간지 1월호 기사게재

2. 1 초당대학교 경호비서학과 경호무술교과 채택(국제경호협회 인증교육기관 지정)

3.18 경북과학대학 경호경비경영학 경호무술교과 채택(국제경호협회 인증교육기관 지정)

4. 3 서해대학 경호무술 유단자 특례입학 산학협약 체결(본 사무국)

4. 6 2002한일월드컵 코리아서포터즈 공식후원단체 지정

4.15 국가정보원 직원 대상으로 경호무술 시범(경호무술원)

5.16 진주대학 사회체육경호안전과 경호무술교과 채택(국제경호협회 인증교육기관 지정)

6.26 성덕대학 경찰경호행정과 경호무술교과 채택(국제경호협회 인증교육기관 지정)

7.12 국제경호협회 정기학술세미나 참가 (서울리베라호텔 제우스홀)

7.12 제1회 경호무술세미나(리베라호텔) 개최(전국 경호, 경찰전공 교수 및 무예원로)

7.23 경동정보대학 경호과 경호무술 채택(국제경호협회 인증교육기관 지정)

8.23 영동대학교 경찰경호무도학과 경호무술 채택(국제경호협회 인증교육기관 지정)

8.31 제주관광대학 산학협약 체결(본 사무국)

9. 6 한세대학교 경찰행정학과 경호무술 채택(국제경호협회 인증교육기관 지정)

9. 6 제주관광대학 관광스포츠계열 경호무술 채택(국제경호협회 인증교육기관 지정)

10. 1 제5회 충주세계무술축제 경호무술 홍보 참가

10.10 아시아나항공 경호무술 책 기증

10.16 장명진경호무술 인터넷 홈페이지 회원 온라인 경호무술교실 개설

11.18 혜천대학 산학협약 체결(본 사무국)

11.28 혜천대학 경찰경호과 경호무술 채택(국제경호협회 인증교육기관 지정)

12.31 경호무술창시자 장명진회장님 공적 대통령표창 수상

2003 1. 7 대구미래대학 경찰행정과 경호무술 채택(국제경호협회 인증교육기관 지정)

2.15 경호실무(경호무술개정) 개정 출판(ISBN : 89-8337-096-3)

3. 7 관악구청 청소년대상 경호무술세미나 개최

4.30 동강대학 법률경찰경호계열 경호무술 채택(국제경호협회 인증교육기관 지정)

5. 3 경호무술세미나 개최(무술지도자 8명)

　　　6.25 6·25전쟁기념식 용산전쟁기념관 경호무술 시범

7.14 SBS위기탈출 수호천사 경호무술편 특별출연 방영(시범단 시범 및 지도)

8. 5 경호무술창시자 경호무술시범-세계일보 기사게재

8.10 경호무술 단행본 출판(ISBN : 89-954410-0-3, 저작권등록번호 : 제C-2005-000737-2호)

8.12 경호학과, 체육학과, 경찰, 경호경비회사 경호무술책, 경호실무책 400권 기증

8.30 제2회 국제경호협회 정기학술세미나(학술진흥재단 학술기관코드 : 8B2497) 경호무술 주제발표(서울리베라호텔 15층 피어니스홀)

9.11 ITV 충전100 건강을 잡아라! 경호무술 편 특별출연 방영(시범단 시범 및 지도)

9.18 부산방송국 직업의 세계 특별출연 경호무술 소개

9.21 경문대학 경호무술 인증기관 지정(단증 발급)

9.22 상반기, 하반기 2회 경호무술세미나 개최(무술관장 및 경호학과 교수대상)

9.24 삼성그룹 경호팀 경호무술 교육 (용인 금호연수원 1주일 집체교육 200명)

10. 1 취업교육 및 자격증 정보박람회 참가(코엑스)

10. 6 한·미 친선 사절단 미국 파견(한미동맹 50주년 참가)

10. 6 국립민속박물관 전통무예현황조사 경호무술 장명진 창시자 등재

10.11 통합 웹데이터베이스 NHN 업무협정(포털전문자료 경호무술공개제공)

11. 3 성화대학 비서경호과 경호무술 채택(국제경호협회 인증교육기관 지정)

12.30 대경대학 경찰행정부 경호무술 채택(국제경호협회 인증교육기관 지정)

2004 2. 7 경호실무(경호무술) 개정 출판(ISBN : 89-85272-95-0)

5.20 군장대학 경찰경호과 경호무술 채택(국제경호협회 인증교육기관 지정)

5.27 동의공업대학 경찰경호과 경호무술 채택(국제경호협회 인증교육기관 지정)

6.25 전북과학대학 경찰경호행정과 경호무술 채택(국제경호협회 인증교육기관 지정)

8.14 경호자격규정집(경호무술검정) 출판(ISBN : 89-954410-2-X, 저작권등록번호 : 제C-2005-000739호)

8.25 진주국제대학교 경찰복지행정학부 경호무술 채택(국제경호협회 인증교육기관 지정)

8.28 제3회 국제경호협회 정기학술세미나(학술기관코드 : 8B2497) 경호무술 2편 주제발표(프리마호텔 2층 에메랄드홀)

8.23 진주국제대학교 산학협약 체결

10. 1 제7회 충주세계무술축제 경호무술홍보 참가

10. 5 경호무술 2004 개정판(1704p) 출판(ISBN : 89-954410-1-1, 저작권등록번호 : 제C-2005-000738-2호)

10. 5 청주전국체전 경호무술홍보 참가

10.27 대전엑스포 세계태권도대회 경호무술홍보 참가

11. 5 전통무예세미나 '한국무예의 역사성과 인접학문' 참가(국립민속박물관 대강당)

11.24 전국대학교 대학도서관, 경호관련학과 및 교수 경호무술책 800여 권 증정

12. 6 육군 특수전사령부 경호무술책 증정(교육실장) 및 경호무술 채택 협의

12.17 경북과학대학 산학협약 체결

2005 1. 3 동부산대학 경호과 경호무술 채택(국제경호협회 인증교육기관 지정)

1.13 대통령경호실 경호무술 책 증정

2.11 KBS 세상의 아침 경호무술 시범단 시범 방영

2.17 두산동아백과사전 경호무술창시자 장명진, 정의, 기원, 어원등재

4.19 경동대학교 경호경찰학부 경호무술 채택(국제경호협회 인증교육기관 지정)

4.25 MBC 네 꿈을 펼쳐라 경호원양성과정 경호무술 교육훈련 지도 및 방영(5회 5주)

4.25 경호원자격검정 문제집(경호무술출제) 출판(ISBN : 89-954410-4-6, 저작권등록번호 : 제C-2006-003544호)

8.15 경호직무능력표준(경호무술표준안) 출판(ISBN : 89-954410-6-2, 저작권등록번호 : 제C-2006-003543호)

8.27 제4회 국제경호협회 정기학술세미나(리베라호텔 15층 피어니스홀) 경호무술주제발표

9.20 창신대학 경찰행정과 경호무술 채택(국제경호협회 인증교육기관 지정)

9.30 신성대학 경호무술전공 경호무술 채택(국제경호협회 인증교육기관 지정)

10. 1 제8회 충주세계무술축제 홍보 참가

10. 7 MBC 내 친구들의 세상 제402회 경호무술편 방영(경호무술 어린이 시범단 시범)

10.25 경일대학교 경찰경호학부 경호무술 채택(국제경호협회 인증교육기관 지정)

11.21 전국 도서관 및 청소년 문화시설 경호무술 책 500여 권 증정

11.24 EBS 직업탐구(경호원)자문 및 자료제공

11.27 KBS추적60분 자료제공 및 인터뷰

12. 1 대구산업정보대학 경찰행정과 경호무술 채택(국제경호협회 인증교육기관 지정)

12. 3 전국 경찰행정학생연합회 무술대회 후원

12. 3 국무총리실 국가재난관리본부 창시자 장명진회장님 자문위원 위촉

12. 7 대구산업정보대학 산학협약 체결

2006 2. 1 파스칼세계대백과사전 경호무술 및 창시자 장명진, 정의, 기원, 어원 등재

3.13 초당대학교 창시자 초청 경호무술 강의

4. 1 서강전문학교 경찰경호과 경호무술교과 채택(국제경호협회 인증교육기관 지정)

4.12 브리태니커백과사전 창시자 저술 경호무술 인용 경호무술 등재

4.27 우석대학교 경찰행정학과 경호무술 채택(국제경호협회 인증교육기관 지정)

5.17 대구미래대학 경호무술 교육

5.26 안동과학대학 경호경찰과 경호무술 채택(국제경호협회 인증교육기관 지정)

6. 2 (주)내일신문-대학내일 직업연구(경호원) 기사자료자문 및 자료 제공

7.13 전문직업탐구/소개(경호원)-수원지역 청소년문화의집

8.19 제5회 국제경호협회 정기학술세미나 (프리마호텔 10층 스카이홀)

8. 9 전문직업탐구/소개(경호원)-안성지역 고등학교

9. 1 서라벌대학 경찰복지행정과 경호무술교과 채택(국제경호협회 인증교육기관 지정)

11. 1 경호무술창시자 언론사 소개 및 시범-동아일보 월간신동아 기사게제

11. 2 대학특강-경호산업의 전망과 비젼특강/초당대학교

11. 7 국제방송 아리랑TV 경호원 직업소개 자문 및 자료제공, 인터뷰 협조

    -한국고용직업분류 경호원 조사 원고 제공(한국산업인력공단)

    -한국고용직업분류 경호원(분류코드 : 4440-2)재정 전문 등재

    -한국표준직업분류 경호원 분류코드 포함하여 개정

11.13 문경대학 경찰경호무도과 경호무술 채택(국제경호협회 인증교육기관 지정)

11.24 한국고용정보원 경호원 조사(직업사전, 전망) 원고 제공(등재)

2007 1. 1 주요포털사이트제공(다음백과, 네이버백과, 야후백과, 엠파스백과, 네이트백과, 파란백과, 싸이월드백과 등) 백과사전에 경호무술 및 창시자 장명진 선생, 정의, 기원, 어원, 특징 등재

2. 6 국군기무사령부 868분견대 경호무술 책 기증 및 지도

2.12 국군정보사령부 경호무술 책 180권 기증 및 지도

2.27 경호무술창시자 장명진회장님 경호무술 공적 국무총리표창 수상

3.22 경호전문가(경호원)직무체계 시안 개발 참여

10.10 제10회 충주세계무술축제 홍보 참가

11.23 노동부 직업정보-직업탐색(워크넷) 경호원인터뷰 원고제공

11.27 국방부지원(국방취업센타)직무체계 시안 개발-공통능력 자격제도 4개 종목 개발

12. 2 경호자격규정집 연구출판 신설자격제도(23종) 경호무술 교과 및 검정체계 개발 참여

2008 1.14 무술협회 경호무술 책 300권 기증

3.12 한국고용정보원 직업전망 경호원 조사사업 원고 제공

4.28 위키 백과사전 경호무술 및 창시자 장명진, 정의, 기원, 어원, 특징 등재

5.13 육군수도방위사령부 경호무술시범 참관 교류-프라임경제 2008.5.13 보도

5.28 위키인물백과사전 장명진 창시자 소개(경호무술창시자소개-각종 포털사이트 인물백과 제공)

6.14 국무총리실 경호팀 경호무술 책 기증

6.23 현대그룹 경호팀 경호무술 교육(현대화재 본사 11층 대강당, 50명)

7.10 한국무예포럼 가입

7.21 위키 낱말사전 경호무술 낱말(정의, 어원), 로마자, 예일, 라이샤워 표기 등재

7.28 국제경호협회 자격기본법에의거 경호자격제도 국무총리실 산하 직업능력개발원 공식 등록(경호무술 검정체계)

8. 4 제1회 한국무예포럼 토론 참여(경호무술 책 50권 무료증정) 국회 헌정회관

8.11 사단법인 한국경호무술진흥회로 명칭 변경 및 비영리사단법인으로 전환

8.11 서울특별시 사단법인 설립허가(허가번호 : 제200812호)

8.20 이시종국회의원 주최 무예올림픽추진세미나 참여(국회의원회관-경호무술책 100권 무료증정)

8.29 무인 및 학계전문가 경호무술 책 500여 권 무료증정

9. 4 제2회 한국무예포럼 토론참가(경호무술책 50권 무료증정) 송파구민 회관

9.20 진흥회 경호무술창시자에게 있는 경호무술 권리를 공식적으로 위임받음(약정계약서-등부 제1546호)

10. 2 제11회 충주세계무술축제 경호무술 홍보참가(충주시)

10. 4 2008 충주세계무술축제 학술세미나 참가(경호무술책 50권 증정) 충주시청 대강당

10.25 제3회 한국무예포럼 창시자 경호무술주제발표(경호무술책 50권 증정) 송파구민회관

11. 2 2008전국경호무술세미나 4회 개최(전국지원장, 무술지도자 대상)

11.11 브라질 해외대표부 승인(브라질 대표부장 NUNES LUIZ CEZAR)

11.11 아르헨티나 해외대표부 승인(아르헨티나 대표부장 TAJES FRANCISCO OSCAR)
　　　　 아르헨티나 북부지부 승인(북부지부장 HEEINZ JORGE ANIBAL)

11.13 러시아국영방송국 경호무술창시자 다큐멘터리제작 취재협조(러시아 전역에 방영)

11.16 문화체육관광부 초청 간담회참가 무예진흥법 시행안 토의(문광부 소회의실)

11.27 국방부초청 간담회 참가(경호무술지도자 양성 및 경호무술원 창업) 전쟁기념관

11.28 문화체육관광부 초청 간담회참가 무예진흥법 시행안 토의(문광부 대회의실)

12. 1 소년소녀 가장 경호무술무료교육 캠페인(전국지원 참여)

12. 1 영남이공대학 경찰경호행정과 경호무술 채택(국제경호협회 인증교육기관 지정)

12. 2 2008년 전국경호무술세미나 개최 중랑우체국 대강당(40명)

12. 4 전국 93개 인증교육기관 및 해외 2개국 국내 및 국제조직화 확대

12.18 초당대학교 산학협약 체결(진흥회 사무국)

12.30 공익성 지정기부금단체(기획재정부공고 제2008-157호)지정-(한국경호무술진흥회)

2009　1. 3 2009년 상반기 경호무술지도자 과정 연수교육실시(2009.1.3~2009.5.30)

　　　 2.15 SBS 좋은아침플러스원 방송프로 경호무술 편 창시자 및 시범단 시범 방영

　　　 3.20 MBC 스포츠매거진 스포츠팡팡 경호무술 편 창시자 지도 및 시범단 시범 방영

　　　 4.29 국방부 전역(예정)간부 취업박람회(서울컨벤션) 참가 경호무술창업소개

　　　 5. 4 2009년 국방부주최 취업박람회(서울컨벤션) 참가 경호무술창업소개

　　　 5.23 2009년 상반기 경호무술지도자 과정 연수교육 수료(18명)

　　　 6.15 태권도진흥재단 경호무술자료 태권도공원 전시용 기증(31종 110개)

　　　 7. 1 전통무예원류적통자 모임 결성(진흥회 사무소)

　　　 7. 3 육군57기동대대 창시자 초청 경호무술 강의(시범 및 지도)

　　　 7. 5 인천광역시 청소년직업체험센터 경호무술 강의(시범 및 지도)

　　　 7.18 2009년 하반기 경호무술지도자 과정 연수교육 실시(2009.7.18~2009.12.5)

　　　 8. 1 전통무예단체조직정비방안 세미나 참가(토론 및 경호무술책 50권 무료증정)

8. 3 육군57보병사단 사단장으로 부터 감사패
8. 6 경호무술자격제도 자격기본법에 의거 국무총리실 산하 직업능력개발원 등록 제2009-0171호
      (자격등록내용 : 경호무술 승단 자격 1단~9단 / 경호무술지도자 자격 1급, 2급, 3급)
8.28 이시종 국회의원 초청 전통무예원류적통자 간담회(외백)
10.20 전통무예원류적통자 정부현황조사팀 초청 간담회 참가(서울대학교)
11.10 우정사업본부 사보 경호무술 기사 게재(전국 15,000지점 배부)
11.11 네이버(naver.com) 경호무술 키워드 바로가기 한국경호무술진흥회 등록
11.21 전통무예단체조직정비방안 공청회 참가(슈페이러 본회의실)
11.25 네이트(nate.com) 경호무술 키워드 바로가기 한국경호무술진흥회 등록
11.27 2009 하반기 경호무술지도자 자격검정 시험시행
11.30 정부수탁연구용역(무예단체실태조사) 공청회 참가(올림픽파크텔)
12. 2 국방부 초청 간담회 참석(전쟁기념관)
12. 5 2009 하반기 경호무술지도자 과정 연수교육 수료(7명)
12. 7 전통무예원류적통자 국회 전통무예진흥법 개정안 제안서 제출
12.11 노동부 고용지원센터 경호무술 기사 소개

2010 1. 5 세계일보 최선의 방어가 최선의 공격 "경호무술" 기사 전면게재
      2. 6 경호무술지도자 보수교육실시(중앙연수원)
      2. 9 문화체육관광부 전통무예진흥법 기본계획 수립안 건의
      3. 3 전통무예원류적통자 정부 전통무예진흥 기본계획 수립 현황과제 자문토의
             (정부담당, 정부용역 연구진-체육과학연구원)
      3. 6 경호무술지도자 보수교육실시(중앙연수원)
      3. 8 전통무예진흥법 일부개정법률(안) 제출건의(전통무예원류적통자 지정 및 지원)
      4. 3 지도자 보수교육실시(중앙연수원)
      4.21 전통무예원류적통자 국회 문화체육관광방송통신위원회 고흥길위원장 면담
      4.23 경호무술 시범공연(인터컨티넨털호텔 그랜드홀)
      4.28 국방부 전역간부 취업박람회 참가(서울무역센터)
      5. 1 지도자 보수교육실시(중앙연수원)
      5. 7 경호직무능력표준 시안 연구개발 경호무술 및 경호무술지도자 표준체계 개발 참여
      6. 5 경호무술지도자 보수교육실시(중앙연수원)
      6.28 국무총리실, 지식재산기본법 공청회 참가 대정부제안(사학연금회관)
      7. 3 경호무술지도자 보수교육실시(중앙연수원)
      7.18 경호무술지도자 직업체험 개최(중앙연수원)
      8. 7 경호무술지도자 보수교육실시(중앙연수원)
      9. 4 경호무술지도자 보수교육실시(중앙연수원)
      9. 7 전통무예원류적통자 명칭 위키 백과사전 등재

9.14 국회 문화체육관광방송통신위원회 정병국위원장 외 소속의원 12명 개정법안(전통무예원류적통자 지정제도 신설) 제정요청 방문

10. 2 경호무술지도자 보수교육실시(중앙연수원)

10. 4 한국산업교육원 경호무술 강의지원

10.12 전통무예원류적통자 무진법 기본계획 건의안 문화체육관광부 방문 제출

10.24 한국체육과학원 방문 무진법 담당 연구원 성문정박사 전통무예원류적통자 정책 건의사항 전달

10.24 서울 송곡정보산업고등학교 대강당 20명 경호무술시범공연

10.29 국회 방문 한나라당 문화예술특위 정두언위원장 김수철 특보 무진법 전통무예원 류적통자 지정 제 신설 개정법률안 국회통과 협조요청

11. 1 부산광역시 기장지회 승인(지회장 장웅진)

11. 6 경호무술지도자 보수교육실시(중앙연수원)

11.24 교육부, 고용노동부가 주최하고 고용정보원이 주관하는 취업진로박람회 참가 및 경호무술시범공연(3일간)

12. 4 경호무술지도자 보수교육실시(중앙연수원)

12. 29 문화체육관광부 주최 전통무예진흥법 기본계획수립 토론회 참가(올림픽파크텔)

2011 1. 8 경호무술세미나 개최(전국지원장 대상 무진법 기본계획 설명회)

1. 8 경호무술지도자 보수교육실시(중앙연수원)

1.12 MBC 표준 FM(95.9MHz) "아이러브스포츠" 경호무술 소개

1.15 경호실무 1권~3권(1167page) 출판(개정7권)-한국학술정보(주)

2.12 경호무술지도자 보수교육실시(중앙연수원)

3. 5 경호무술지도자 보수교육실시(중앙연수원)

3.11 전통무예원류적통자 무진법개정안(전통무예원류적통자 지정제 신설) 국회통화 요청서 전달(국회문화체육관광방송통신위원회 간사 김재윤 의원, 위원 전성호 의원)

3.23 전통무예원류적통자 무진법 정부담당 실무자 미팅(정책건의서 전달-문화체육관광부 체육진흥과)

4. 2 경호무술지도자 보수교육실시(중앙연수원)

4.13 국방부 2011 전역(예정)간부 취업박람회 참가(서울무역센터)

7.15 경호무술 1권~9권 출판(개정7권)-한국학술정보(주)

6. 창시자 연구 활동

저술

1986 4.16 경호무술, 경호실무 연구시작

1992 2.16 경호무술, 경호실무 교안 완성

1994 11.17 경호실무(경호학)저술(국제경호아카데미출판사, 328page)

1996 11. 5 경호실무 저술 개정2권(법연출판사, 493page)

1999 3.20 경호실무 저술 개정3권(법연출판사, 537page)

2001 2.20 경호실무 저술 개정4권(법연출판사, 625page)

2003 2.15 경호실무 저술 개정5권(법연출판사, 741page)

2003 9.13 경호무술(단행본)저술 (국제경호아카데미출판사, 505page)

2004 2. 7 경호실무 저술 개정6권(청호출판사, 749page)

2004 8.18 경호자격제도규정집 저술(국제경호아카데미출판사, 273page)

2004 10. 5 경호무술 저술 개정2권(국제경호아카데미출판사, 1704page)

2005 4.25 경호원자격검정 문제집 저술(국제경호아카데미출판사, 180page)

2005 8.26 경호직무능력표준 저술(국제경호아카데미출판사, 483page)

2011 1.15 경호실무 저술 개정7권(한국학술정보(주), 1권~3권, 1167page)

2011 7.15 경호무술 저술 개정3권(한국학술정보(주), 1권~9권, 2800page)

연구논문

1996 경호산업에 대한 실태 조사-동국대학교 행정대학원

1997 경호산업의 문제분석과 육성책-한국안전교육학회

2001 경비업법에 포함하는 민간경호원 자격증 도입활용 방안연구-국제경호협회학회

2003 경호직무분야의 전문화를 위한 자격제도와 그 방안에 따른 국제경호협회 경호 자격제
　　도의 분석 및 국가공인 도입의 필요성-국제경호협회학회

2003 치안환경에서 요구되는 격기무술과 현대적 무술발달 과정의 생활 경호무술연구-국제
　　경호협회학회

2004 경호자격 국가공인 및 관련내용에 대한 정부지원 국제경호협회 중심으로 연구-국제경
　　호협회학회

2005 경호직무능력표준에 관한연구 및 활용방안-국제경호협회학회

2006 경호산업을 위한 정부지원정책 및 효과연구 경호자격제도를 중심으로-국제경호협회
　　학회

2008 경호무술 전통무예진흥법에 의한 지정-한국무예포럼

2008 경호무술세미나집-한국경호무술진흥회

7. 창시자 설립단체 및 과정

1992 2.16 국제경호협회 설립

(경호원들의 친목 및 권익을 위한)

1992 3.21 국제경호아카데미 설립

(경호무술교육서비스, 경호교육서비스, 경호서비스를 위한)

1994 4.15 국제경호시스템 신설

(경호서비스만을 전문으로 하기 위하여 국제경호아카데미로부터 분사)

1996 6.27 주식회사 탐경

(국제경호시스템을 상호변경 및 법인전환-신변보호법률 제정에 의한 허가제도
시행에 따라)

1998 3. 1 장명진경호무술 신설

(비영리단체설립-자격검증 및 인증제도 시행을 위한)

1998 3.13 장명진경호무술원 신설

(국제경호아카데미 상표신설-경호무술프랜차이즈사업 시행을 준비)

2002 9.   시큐리티잡114 설립

(주식회사 탐경에서 온라인 사업부 분사)

2008 8. 11 사단법인 한국경호무술진흥회 설립

(장명진경호무술을 명칭변경과 법인전환-대외 위상 제고)

8. 창시자 유관기관 활동

연도	기관	직책
1996	사단법인한국경비협회 신변보호분과	운영위원
1996	한서대학교 사회교육원 비서경호학과	강사(경호무술/경호실무)
1996	사단법인한국경호경비학회	운영위원
1996	중국연길시 공안국 보안전문대학	명예교수
1996	한국시큐리티산업경영학회	운영위원
1997	KBS아카데미	강사(경호무술/경호실무)
1997	서일대학교 사회교육원 경호학과	강사(경호무술/경호실무)
1997	사단법인한국경비학회	부회장
1997	사단법인철인3종경기본부	이사
1998	사단법인한국직능단체총연합회	상임부회장
1998	월간보디가드	편집위원
1999	한국안전교육학회	이사
1999	선문대학교 무도학과	외래교수(경호무술/경호실무)
1999	충청대학 태권도학과	강사(경호무술/경호실무)
2000	고려대학교 사범대학원(석사과정)	강사(경호무술)
2000	대구미래대학 경찰행정과	강사(경호무술/경호실무)
2001	제10기 민주평화통일자문위원회	자문위원
2002	UN평화지도자연합회	이사
2003	국립경찰대학 수사보안연수소	외래강사(경호무술/경호전략)
2008	경찰청수사연수원	강사(경호무술)
2004	한국협상학회	회원
2005	국무총리실 국가재난관리본부	자문위원
2006	초당대학교 경호비서학과	겸임교수(경호무술/경호실무)
2008	한국무예포럼	회원
2009	전통무예원류적통자모임	간사
2009	한국표준협회	자문위원
2010	한국산업교육원	강사

9. 경호무술과 창시자 백과사전 등재문

2005 2.17 두산대백과사전(엔사이버) 창시자와 경호무술 사전 등재

2005 4. 2 네이버 백과사전 창시자와 경호무술 사전 등재

2006 2. 1 파스칼 세계대백과사전 창시자와 경호무술 사전 등재

2006 2.12 야후 백과사전 창시자와 경호무술 사전 등재

2006 3. 3 파란 백과사전 창시자와 경호무술 사전 등재

2006 4. 12 브리태니커 백과사전 경호무술 사전 등재(창시자 저술 경호무술책전문 인용)

2006 5. 6 다음 백과사전 창시자와 경호무술 사전 등재

2008 4.28 위키 백과사전 창시자와 경호무술 사전 등재

2008 5. 3 네이트 백과사전 창시자와 경호무술 사전 등재

2008 5.28 위키 인물백과사전 창시자 사전 등재

2008 7.21 위키 백과사전 낱말사전 경호무술 등재

2009 11.11 네이버, 네이트에서 한국경호무술진흥회 키워드 바로가기 등재

2010 9. 7 위키 백과사전 전통무예원류적통자명칭 사전 등재

10. 창시자 인터넷 홈페이지 구축

1996 6. 7 국제경호아카데미(홈페이지 http://www.ibga.co.kr)

1998 2.10 주식회사 탐경(홈페이지 http://www.tamkyung.co.kr)

2002 7.10 장명진경호무술원(홈페이지 http://www.jmjmoosul.co.kr)

2002 10. 1 시큐리티잡114(홈페이지 htpp://www.securityjob114.co.kr)

2008 8.30 사단법인 한국경호무술진흥회로 변경(홈페이지 http://www.jmjmoosul.co.kr)

※ 개설된 홈페이지 현 운영 중

호위발차기

I 호위발차기법 체계(體系)

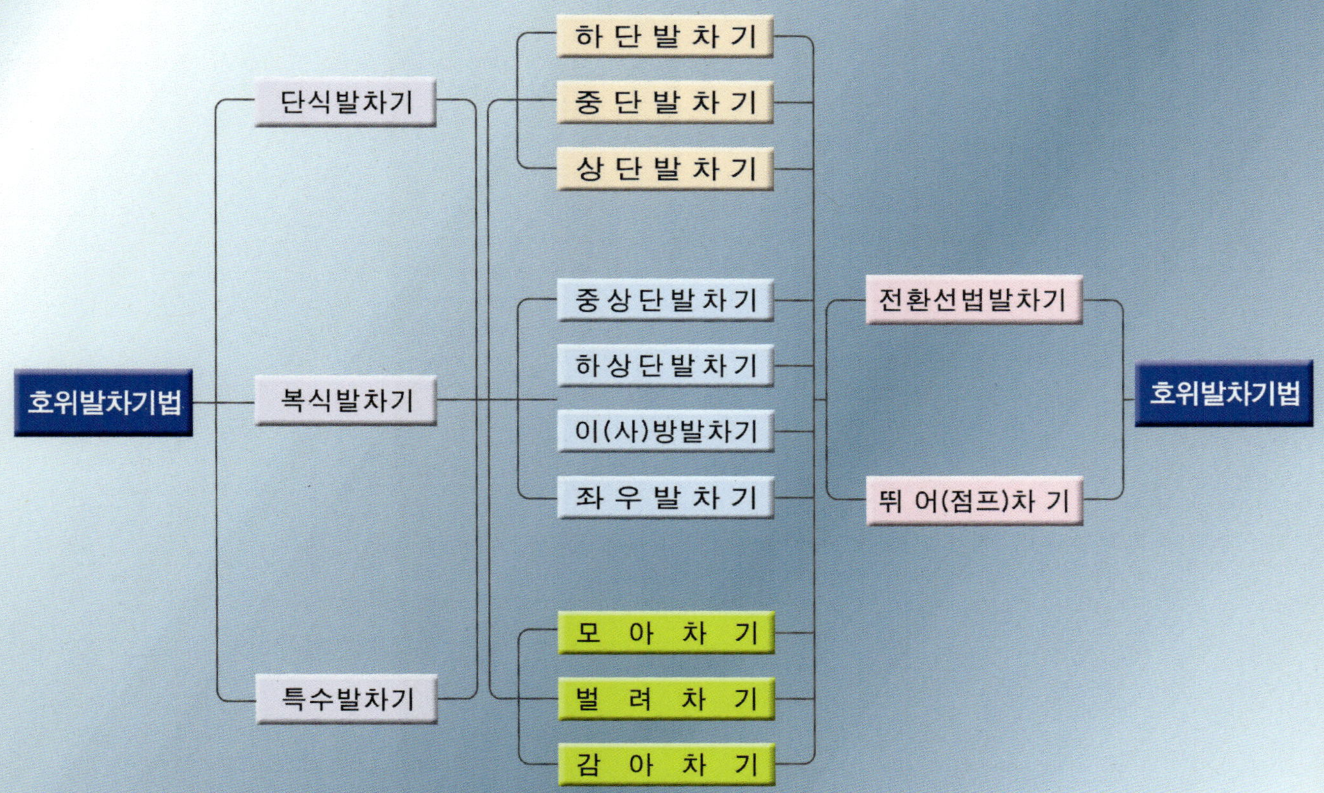

<< 호위발차기의 종류 >>

1. 단식발차기법
2. 복식발차기법
3. 이(사)방발차기법
4. 하단발차기법
5. 특수발차기법
6. 전환선법발차기법
7. 호위발차기법
8. 응용발차기법

<< 호위발차기법 >>

공격자가 경호대상을 목표로 한 공격이 이루어지는 상황에서 비교적 손이 닿지 않는 원거리 위치 시 공격과 방어의 반경이 손보다 넓은 발을 이용한 발차기가 보다 더 유용할 것이다. 이때 경호대상의 몸통을 가로막으며, 공격하는 공격자를 초기에 제압시킬 수 있도록 고안된 여러 형태의 발기술로 단식발차기, 하단발차기, 복식발차기, 특수발차기, 전환선법발차기, 호위발차기등의 단계로 수련할 수 있도록한 호위발차기 체계이다.

Ⅱ 복식발차기법 수련단계   T R A I N I N G S T E P

- 단식발차기법 — 중 , 상
- 하단발차기법 — 하
- 복식발차기법
  - 일족복식발차기
  - 좌우족복식발차기
  - 이방복식발차기
    - 이방전측복식발차기
    - 이방전후복식발차기
    - 이방전측좌우족복식발차기
    - 이방전후좌우족복식발차기
    - 이방좌우측좌우족복식발차기
  - 사방복식발차기
  - (상, 중, 하)
- 특수발차기법
- 전환선법발차기법 — 상, 중, 하
- 호위발차기법

호위발차기의 종류로서는 기본발차기, 복식발차기, 전환선법발차기, 특수발차기, 호위발차기
등으로 구분된다.

Ⅲ 호위발차기법 의의　　　MEANING1

　　발차기는 일반적으로 공격자가 자신을 목표로 한 공격이 이루어지는 상황에서 비교적 손
이 닿지 않는 원거리에 위치시 손보다 공격과 방어반경이 넓은 발을 이용한 발차기가 보다
유용하기 때문에 활용된다고 할 수 있다.

　　특히 호위발차기는 상대방이 경호대상에게 수족 또는 도검류 등 무기를 이용하여 공격할
때 호위자가 여러 형태의 발차기 기술로 저지 또는 차단시키는 방어형 호위발차기로도 사용
할 수 있으며, 또한 경호대상의 몸통을 가로막는 동시에 공격하는 공격자의 공격을 초기에
제압·좌절시킬 수 있도록 착안된 여러 형태의 발 특기술이다. 즉, 공격형 발차기라고 하기보
다는 방어형 발차기로 볼 수 있다. 그러나 반드시 방어형 발차기로 중점을 둔것만은 아니다.
다시말해 호위적 관점이기 때문에 필요에 따라서는 선제공격 할 수 있도록 중점을 둔 경우
도 있다.

　　호위발차기는 상대가 경호대상을 향해 공격발차기 하는 순간 호위자가 상대방의 발차기를
정면 또는 측면을 발로 가격하여 공격자의 발차기가 경호대상의 신체에 닿지 않도록 하여
경호대상의 신체 및 생명이 위협받지 않도록 하는 것이 호위발차기라고 할 수 있다.

　　이 같은 호위발차기는 상대의 발차기 타이밍과 발차기유형에 따르는 정확도가 매우 중요하
기 때문에 고도의 수련과정을 거치지 않으면 불가능한 발차기라고 할 수 있으며 상당한 수
련기간을 요한다.

Ⅳ 호위발차기수련 의의　　　MEANING2

　　수련방법은 기본 발차기로부터 연마한 후, 복식발차기, 전환선법발차기, 특수발차기, 호위발
차기순으로 수련해야한다. 호위발차기는 자신의 균(평)형감 외로 경호대상의 균형감을 최대한
유지되게 한 후 공격자의 공격형태에 가장 무력화시키는데 효과적인 발차기를 즉흥적으로 구
현해야 하기 때문에 고도의 정신력과 수련과정이 요구된다.

　　특히 경호대상의 안전을 위해 필요한 경우에는 경호대상의 몸통을 밀쳐낸 후 동시에 발차
기를 해야하는 여러 형태의 발기술로 되어있으며, 일반적인 발차기와는 달리 손과 몸통 등을
이용하여 당기거나 밀쳐내는 등의 호위특기술동작을 취하는 동시에 구현하는 발기술도 있어
다양한 수련기법이 동원된다.

Ⅴ 호위발차기의 5원칙　　　5TH PRINCIPLE

구　분	내　용
첫　째	호위발차기는 상대의 공격을 원천적으로 차단하여 경호대상에게 가격되지 않도록 한다.
둘　째	호위발차기시에는 반드시 경호대상을 몸통으로 감싸며 발차기 한다.
셋　째	호위발차기 할 때 필요에 따라 호위특기술 및 호위낙선법등을 이용하여 보호하며 발차기한다.
넷　째	호위발차기에는 상대의 공격 타이밍을 순간 포착하여 절대로 놓치지 않는다.
다섯째	호위발차기는 상대의 수족 또는 무기 공격유형에 대응하여 유리한 호위발차기를 구사한다.

1. 근력, 지구력, 순발력, 평형감각, 유연성 등에 초점을 두어 연습한다.

- 근력, 지구력, 순발력, 평형감각, 유연성 등에 초점을 두어 모든 발차기의 기본이 된다. 이 같은 요소를 무시하거나 수련을 게을리 한다면 최고가 된다는 것은 불가능한 것이다. 특히, 왼발을 배로 연습하는 것이 중요하다.

2. 타격 훈련을 지속적으로 연습한다.

- 아무리 발차기를 잘 한다고 해도 타격감각을 익히지 않으면, 실전에서 상대를 가격할 때 충분한 가격력을 전달할 수 없으며, 오히려 상대방을 타격하는 순간 자신의 몸 균형이 잃게 될 수도 있다.

3. 움직이는 물체에 가격하는 발차기 연습을 시작한다.

- 실전에 있다면 상대는 늘 움직이기 때문에 평소에 정지되어 있는 목표물에 대한 가격연습만을 한다면 움직이는 물체를 순간 정확히 가격할 수 없는 것이 당연하다. 따라서 움직이는 물체에 대한 가격 발차기를 반드시 연습해 두는 것이 중요하다.

4. 발차기를 불안정한 자세에서 연습한다.

- 일반적으로 대부분은 늘 안정된 자세에서만 발차기 연습을 한다. 이러한 습관은 실전에서 매우 불리하다. 안정된 자세에서만 연습한 발차기는 실전에서 발차기가 잘되지 않으며 공격 발차기 횟수도 현저히 떨어진다. 이유는 늘 안정된 자세에서만 발차기한 습관 때문에 불안정한 자세에서는 발차기를 할 수 없다는 잠재의식과 반사운동작용의 장애가 되기 때문이다.

5. 발차기가 실전에 좀더 강해지려면 손의 동작과 교환하는 발차기를 연습한다.

- 실전에 좀더 강하려면 수팔막기 또는 치기동작과 교환하는 발차기를 연습해야 한다. 어차피 실전상황 이라는 전체는 상대를 이겨야 하고 실전 상황에서는 손의 공방수단도 무시할 수 없는 유용한 수단이 되기 때문이다. 다시 말해 발차기를 손의 동작과 교환하는 신체율동을 익히는 것이 매우 중요하다.

6. 발차기 동작을 여러 동작으로 변화 연결하는 복식발차기를 연습한다.

- 실전 상황에서는 공방 상황이 계속되기 때문에 빠르고 연속되는 동작 여부에 따라 우열이 가려진다. 그러나, 이보다 중요한 것은 앞차기, 옆차기, 뒷차기 등 여러 동작을 변화 연결하여 복식발차기 수련을 하는 것이 실전력을 높이는데 크게 도움이 된다. 다시 말해 성패를 가르는 결정적인 요인이 된다.

7. 발차기의 정확성을 익혀야 한다.
- 발차기는 차지르는 것으로만 그치는 것이 아니다. 반드시 목표점을 정확히 가격하는 것이 중요하다. 보다 중요한 점은 뻗어나가는 발의 자세가 올바르게 되도록 연습한다.

8. 발에 힘을 집중시킬 수 있도록 연습한다.
- 아무리 균형된 발차기를 구사할 수 있다고 해도 발에 힘이 실리지 않으면 타격력이 크게 떨어진다. 일반적으로 하는 스피드 타격연습과는 달리 발을 뻗어내는 순간 공격발차기 자세의 부위에 따라 힘을 집중시키는 연습을 따로 한다.

9. 눈으로 보지 않고 차는 발차기를 연습한다.
- 일반적으로는 모든 발차기 연습에 있어서 눈으로 보면서 하지만 실전에서는 감각적으로 할 수 있는 발차기가 요구되는 순간이 많다. 우리 인지능력 중 시각을 제외한 지각 청각 촉각 후각 등에 반응하여 반사신경을 이용한 발차기 연습을 하도록 한다.

10. 대련 발차기를 연습한다.
- 모든 발차기 연습은 실전에 대비하는 일련의 과정이라고 할 수 있으며 이중 상대가 있는 대련 발차기 연습은 실전에 가장 가까운 것으로 실전발차기의 완성도를 크게 높여준다.

1. 단식 발차기법

1) 단식차기법 의의

MEANING

단식발차기는 모든 발차기의 기본이 된다. 따라서 근력, 지구력, 순발력, 유연성, 평형감각 등을 강화시킬 수 있도록 하기 위하여 모든 단식 발차기는 동작을 최대한 크게 취하도록 구성하였으며, 매 동작 발차기 후 자세가 원위치 되도록 했다.

2) 단식차기법의 종류

CLASSIFY

1. 중·상단 막고 뒤꿈치 차올리기(차내리기)
2. 중·상단 막고 족도 차올리기
3. 안다리 돌려차기
4. 바깥다리 돌려차기
5. 발끝 찍어차기(약명 : 발끝찍기)
6. 내서외로 발끝 찍어차기(약명 : 내외 발끝찍기)
7. 뒤꿈치 대각 내려 찍어차기
8. 옆차기
9. 뒤꿈치 걷어 돌려차기
10. 앞발 옆차기(뒤꿈치 걷어 돌려차기)
11. 뒤꿈치 원그려 돌려차기
12. 앞차기
13. 족장 밀어차기
14. 뒤차기(뒤꿈치 걷어 돌려차기)
15. 서서 돌려차기
16. 앉아 돌려차기
17. 무릎 대각 올려차기
18. 발등 반달 내려찍어차기

Explanation

모든 발차기 수련은 최단시간에 힘을 집중시키고 빠른 동작을 구사하게 된다. 따라서 수련중 근육파열 인대파열 등을 동반하는 부상을 입게되는 경우가 많다. 특히 자세가 불안정하거나 정신이 집중되지 않은 상태에서 발차기 하는 경우에는 부상률이 매우 높다. 이같은 부상을 예방하려면 준비자세와 정신을 바르게 한 다음 매 동작에서 요구되는 발모양, 발목, 무릎, 고관절, 허리, 몸통을 바르게 하고, 힘을 고르게 집중할 수 있도록 하는 것이 중요하다.

위의 단식 발차기는 기본 발차기 수련 순서로서 모두 18개 동작으로 구성되어 있으며, 발차기에 따라서 상·중·하로 구분하여 수련 할 수 있으며 또한 (10)과 (11)을 제외한 발차기로도 앞발을 이용한 단식발차기 수련을 할 수 있다.

3) 단식 발차기 설명(예)

1. 중·상단 막고 뒤꿈치 차올리기(차내리기)

중·상단 막고 뒤꿈치 차올리기(차내리기)는 유연성과 다리힘을 증대시키는데 크게 도움이 되는 수련 발차기이다. 따라서 주의를 하지 않으면 근육 파열과 같은 부상을 쉽게 입게 되는 발차기이다.

Explanation

발앞꿈치를 뒤로 젖혀서 발목관절을 'ㄴ' 자가 되도록 90° 젖히고 무릎관절을 곧게 편 다음 힘차게 수직으로 끌어 올려 머리위로 올려찬다.

2. 중·상단 막고 족도 차올리기

중·상단 막고 족도 차올리기는 중 상단 막고 뒤꿈치 차올리기(차내리기)의 발차기와 같은 효과를 같이하기도 하지만 다리 측면의 근신전강화 발차기로 미 발달될 수 있는 다리측면의 운동효과를 더해 주는 발차기다.

Explanation

족도란 발족(足)자와 칼도(刀)자의 한자어로 '발을 칼날처럼 세워 찬다' 라는 뜻이다. 발목관절을 내로 90° 젖이고 손날의 수도처럼 발을 옆으로 젖혀 칼날처럼 세워 뒤꿈치 차올리기와 같이 동일한 방법으로 올려 찬다.

3. 안다리 돌려차기

안다리 돌려차기는 상대방의 공격 발차기를 효과적으로 저지할 수 있는 방어발차기에 역점을 둔 발차기라고 할 수 있다. 그리고 돌려차기의 원심력을 이용 상대를 역습할 때 발끝 찍어차기나 뒤차기 등의 공격발차기로 연결하기에 좋은 발차기다.

Explanation

무릎을 곧게 편 다음 전방향45° 바깥쪽에서 들어올려 안으로 큰 반원형으로 찬다. 이 때 주의할 점은 뒷꿈치가 지면에 먼저 닿도록 균형을 유지해야 한다.

65

4. 바깥다리 돌려차기

　바깥다리 돌려차기는 안다리 돌려차기와 같이 상대방의 공격발차기를 효과적으로 저지할 수 있는 방어발차기에 역점을 둔 발차기라고 할 수 있다. 그리고 돌려차기의 원심력을 이용하여 상대를 역습할 때 발끝 찍어차기나 뒤차기 등의 공격발차기로 연결 하기에 좋은 발차기다.

Explanation

　안다리 돌려차기와는 반대로 전방향 45° 안에서 밖으로 들어올려 360° 원형을 그려 돌려찬다.

5. 발끝 찍어차기

 발끝 찍어차기는 가장 빠른 발차기를 구사할 수 있는 발차기중 하나라고 할 수 있다. 이러한 장점때문에 상대의 측면 허점을 신속하고도 정확하게 공격할 수도 있으며 다른 공격발차기와 연결이 용이한 장점도 있다. 그러나 발차기의 특성상 다른 발차기에 비해 힘있는 발차기 구사가 어려워 상대방에게 결정적인 가격발차기로는 비교적 힘든 발차기라고 할 수 있다. 그러나 목 옆구리(늑간)부분을 가격하는 경우에는 상대방에게 큰 충격을 가할 수 있는 발차기다.

Explanation

 발목을 젖혀 차는 동작으로 무릎과 상체가 45° 대각선을 유지해 바깥에서 안으로 발차기한다.

6. 내서 외로 발끝 찍어차기

내서 외로 발끝 찍어차기는 발끝 찍어차기와 같은 장점을 지니고 있으며 특히 상대방이 방심하고 있을 때 상대의 중앙상단 즉, 얼굴공격에 매우 효과적인 발차기로서 상대방에게 의외의 치명상을 입힐 수 있는 발차기다.

Start

Explanation

(5)번과 동일하나 내서 외로 대각선으로 목표물을 향해 무릎을 펴 올려 찬다.

7. 뒤꿈치 대각 내려찍어차기

뒤꿈치 대각 내려찍어차기는 상대방이 자신의 신체에 닿아 있거나 닿을 수 있는 근접한 거리에 있을 때 측후면을 역습하는 발차기로서 상대방에게 역습하기에 용이한 발차기다.

Explanation

상체를 약간 뒤로 젖힌 다음 앞꿈치 발목을 'ㄴ'자로 뒤로 당겨 무릎을 끌어올린 다음 무릎 관절을 힘차게 뻗으면서 목표 각 수직으로 발뒤꿈치를 살려 대각선으로 무릎관절을 접어 찍어 찬다.

8. 옆차기

옆차기는 가장 강력한 발차기중 하나로서 상대방을 주로 공격하는데 장점이 많은 발차기다. 옆차기의 특징은 빠르면서도 깊이 공격할 수 있고 체중을 실어 힘있는 발차기를 구사할 수 있다는데 그 특징이 있다. 특히 점프동작 등을 혼용하였을 때에는 파워를 극대화 할 수 있다.

Explanation

발목관절을 꺾어 발을 족도 모양으로 살려 목표지점과 수평으로 일직선상으로 유지해 몸통의 힘을 실어 접힌 무릎관절을 측면으로 뻗어 찬다.

9. 뒤꿈치 걸어 돌려차기

뒤꿈치 걸어 돌려차기는 상단 즉 상대방의 머리를 정확하게 직선측 공격 발차기로 구사하기 때문에 상대방에게 치명상을 입힐 수 있는 매우 위력적인 발차기라고 할 수 있다. 이 발차기는 상대방으로 하여금 공격정확성을 인지하지 못하게 하는 장점이 있다. 그러나 발차기의 정확성과 신속성을 유지하지 않으면 상대방을 가격하기 매우 어렵다. 그러나 가격될 때에는 단 일격에 상대를 제압할 수 있다.

Explanation

중단 옆차기와 같은 동작을 취하여 뻗어 찬 다음 동시에 발뒤꿈치를 살려 무릎관절을 수평으로 접어 걷어 당겨 찬다.

10. 앞발 옆차기

앞발 옆차기는 상대방에게 기습적으로 공격하기에 효과적인 발차기로서 매우 유용한 공격발차기다. 따라서 단 한번으로 상대를 가격하여 제압할 수 있도록 신속 과감하게 발차기를 한다.

Explanation

앞발로 (8)번 옆차기와 같이 동일 방법으로 찬다.

11. 뒤꿈치 원그려 돌려차기(뒤꿈치 걷어 돌려차기)

　뒤꿈치 원그려 돌려차기는 모든 발차기의 동작에 응용력을 높여주고 고관절의 유연성을 뛰어나게 증대시켜줄 수 있는 가장 효과적인 발차기다. 단점은 배우기에 가장 어려운 발차기란 것이다.

Explanation

　커다란 원형(360°)으로 돌려 차는데 무릎 관절을 곧게 편 상태에서 뒤꿈치로 돌려찬다.

73

12. 앞차기

앞차기(중,상)는 정면 수직공격에 용이한 발차기로서 상대방의 명치 또는 얼굴 공격에 가장 뛰어난 발차기다. 또한 초보자가 익히기에 비교적 쉬운 발차기라고도 할 수 있다.

Start

Explanation

상체를 약간 뒤로 젖힌 다음 발가락을 젖히고 앞꿈치를 살려서 목표각 수직으로 무릎을 끌어올린 다음 무릎 관절을 힘차게 뻗으면서 명치나 얼굴을 향해 곧게 찬다.

13. 족장 밀어차기

족장 밀어차기는 근접된 상대방을 밀쳐내는데 가장 효과적인 발차기 형태다. 다른 발차기처럼 빠르게 구사할 수 없어도 밀착된 상대를 효과적으로 공격할 수 있는 유일한 발차기라고 할 수 있다.

Explanation

상체를 약간 뒤로 젖힌 다음 앞꿈치를 뒤로 당기고 목표 각 수직으로 무릎을 끌어올린 다음 무릎 관절을 힘차게 뻗으면서 족장으로 곧게 찬다.

14. 뒤차기(뒤꿈치 걷어 돌려차기)

　　뒤차기는 몸통을 회전시켜 원심력을 더해 구사하는 발차기로서 매우 위력적인 발차기다. 특히 상대의 공격과 같은 어떠한 상황에서도 맞받아 공격할 수 있는 발차기이며, 몸통이 회전하기 때문에 상대방의 공격발차기에 가격되더라도 그다지 충격이 크지 않다. 그러나 이 같은 장점이 있지만 완벽한 발차기를 구사 할 수 있는 수준이 되려면 많은 노력이 요구된다.

Explanation

　　180° 뒤로돌아 중단 옆차기와 같은 방법으로 곧게 뻗어 찬다. 이때 목표지점을 확인 후 목표에 일직선이 되도록 몸의 각도를 유지하는 것이 중요하다. 몸을 뒤로 180 돌려 발을 들어 찬 후 계속 몸을 180 돌려 원위치로 돌아선다.

15. 서서 돌려차기(뒤꿈치 걸어 돌려차기)

　서서 돌려차기는 몸통을 회전시켜 힘을 배가시키는 장점이 있으며, 공격반경과 넓이를 크게 할 수 있어 발차기의 최고라고 할 수 있는 발차기다. 그러나 평형감각을 유지하기에 가장 어려운 발차기로써 균형을 잃었을 경우 상대의 역습공격에 취약할 수 있는 문제가 있다.

Explanation

　무릎관절을 곧게 뻗은 다음 앞꿈치를 뒤로 젖혀서 360 서서 몸통을 돌려 상단을 원 그려 뒤꿈치로 찬다.

16. 앉아 돌려차기(뒤꿈치 걷어돌려차기)

앉아 돌려차기는 서서 돌려차기의 장점과 같으며, 특히 상대방의 하단을 효과적으로 깊숙히 공격할 수 있는 발차기로서 상대방의 거의 모든 유형의 공격발차기에 역습할 수 있는 발차기라고 할 수 있다.

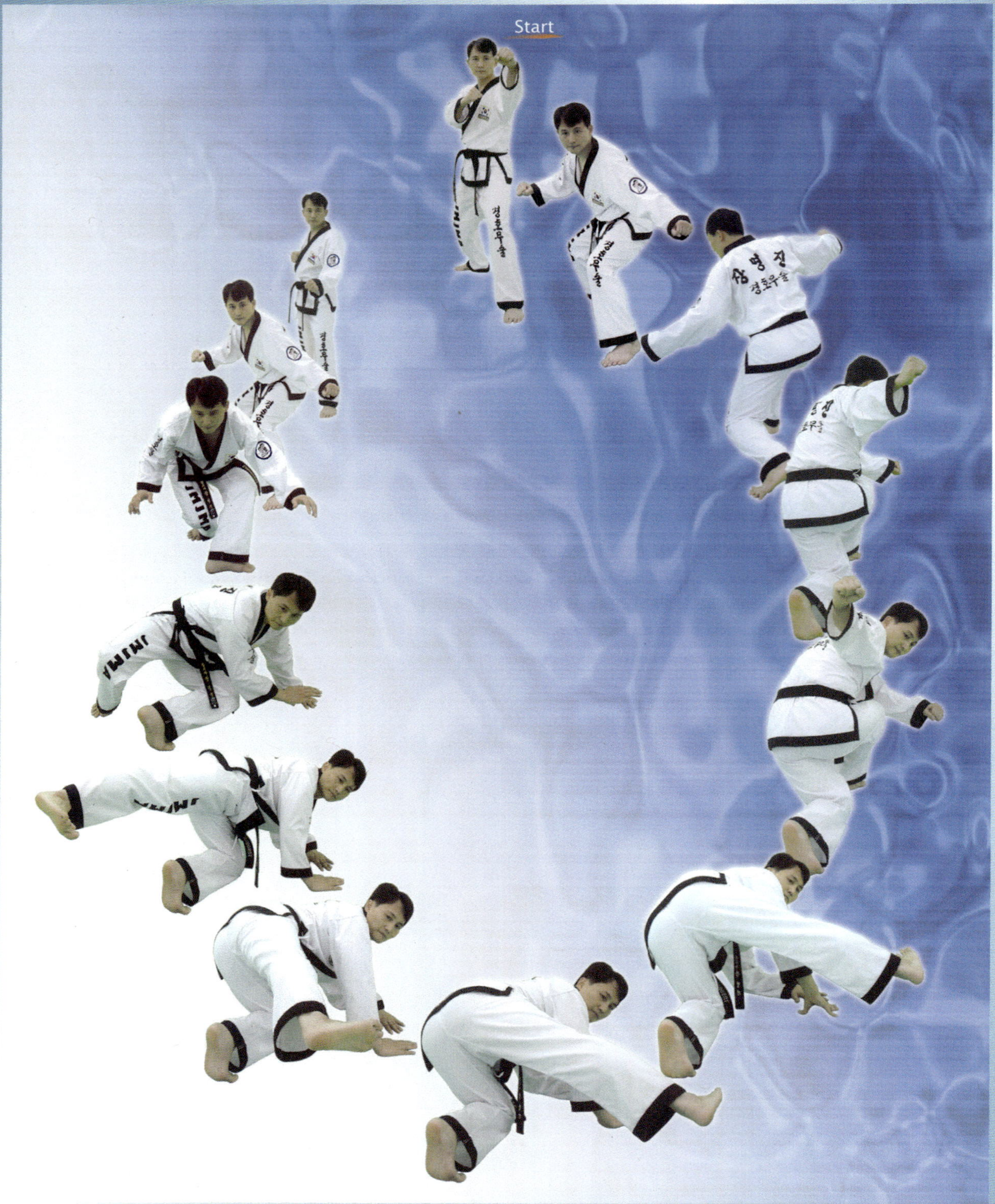

Start

Explanation

우선 무릎을 구부리는 동시에 전교자세와 같이 허리와 몸통을 틀어 발이 교차되게 앉는 동시에 오른발을 사진과 같이 뻗어 뒤꿈치 부분으로 돌려차는 동시에 그 회전력을 이용해 상체를 일으켜 세운다.

17. 무릎 대각 올려차기

무릎 대각 올려차기는 발차기중 가장 짧은 발차기이지만 무릎관절 부위를 이용한 가격은 상대방에게 매우 위력적인 충격을 가할 수 있는 발차기다. 특히, 근접한 상대방을 공격하기에는 매우 유용한 발차기다.

Explanation

발을 엉덩이 쪽으로 뒤로 붙인 다음 무릎을 위로 세워 45˚각도로 올려 찍어 찬다.

18. 발등 반달 내려 찍어차기

발등 반달 내려 찍어차기는 그리 위력적이지는 않지만 공격발차기 실패 후 상대방의 연속되는 공격에 허를 찌를 수 있는 유용한 발차기다. 그리고 상대방의 공격에 역습 할 수 있는 유용한 발차기이다.

Explanation

무릎을 가슴높이로 올리는 동시에 상체 몸통을 안으로 180° 로 돌려 발등이 상대방으로 향하게 하게 하여 위에서 아래로 내려 찍어 차도록 한다.

2. 하단 발차기법

하단발차기법 의의　　　MEANING!

　하단 발차기는 상대방의 허리 밑으로 공격하는 발차기로서 치명적인 공격효과를 가질 수는 없다고 할 수 있다. 그러나 하단부위는 상체의 몸 중심을 지탱하고 있기 때문에 집중적인 공격을 통하여 자유자재로 움직이는 상대방의 몸놀림을 막아 공격완화 및 견제효과를 얻을 수 있으며 이 효과는 역습의 기회를 보다 많이 확보 할 수 있다.

　특히 하단 발차기는 공격 성공률이 매우 높으면서도 다른 발차기와 비교하여 체력소모를 극소화 할 수 있다는 장점이 있으며, 또한 자신의 허점을 최소화 할 수 있다. 그러므로 수련과정에 있어 가격부위에 힘을 집중시키고 스피드하게 그리고 안정되게 단련하는 것이 중요하다고 하겠다.

하단발차기법의 종류　　　CLASSIFY

1) 하단 족기지르기
2) 하단 족기차돌리기
3) 하단 발끝 찍어 차기
4) 하단 내서 외로 발끝 찍어 차기
5) 하단 뒤꿈치 대각 내려 찍어 차기
6) 하단 앞차기
7) 하단 옆차기
8) 하단 옆차 뒤꿈치 걸어 돌려차기
9) 하단 족도 차 돌리기
10) 하단 뒤차기
11) 하단 뒤차 뒤꿈치 걸어 돌려차기

※ 이 외로도 방향을 45°, 90°, 180° 등 다양한 각도로 응용하여 발차기 할 수도 있다.

(1) 하단발차기 설명(예)

1. 하단 족기지르기

상대방의 앞발 무릎 하단부분을 직선으로 공격하여 상대방의 방어 자세를 흐트러뜨리기에 매우 효과적인 발차기로서 유용한 발차기다.

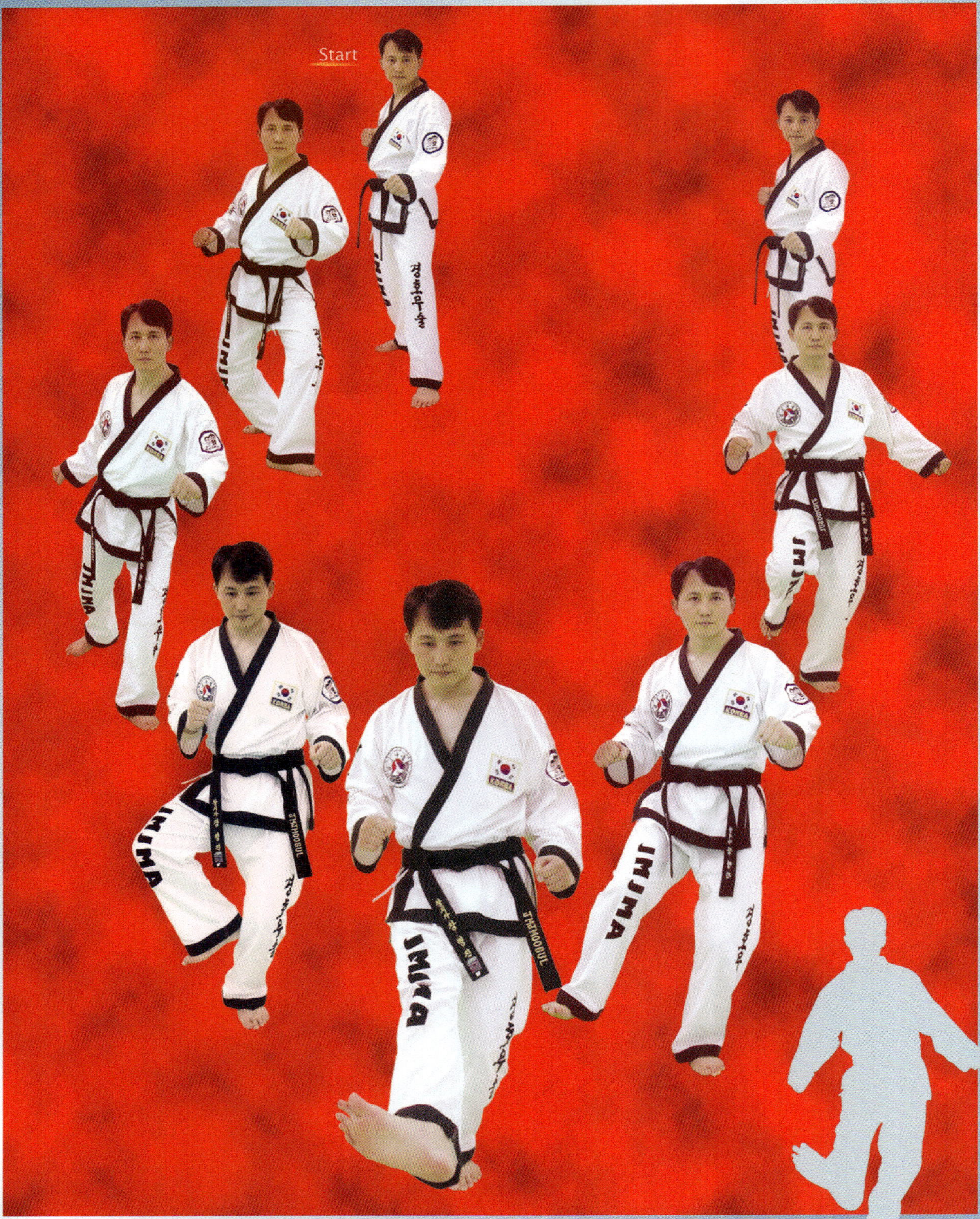

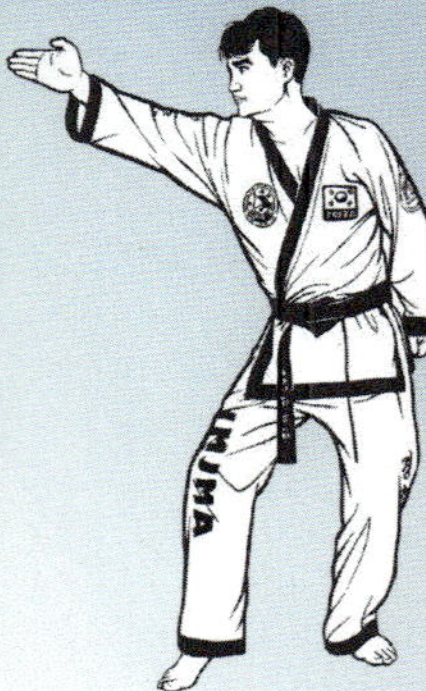

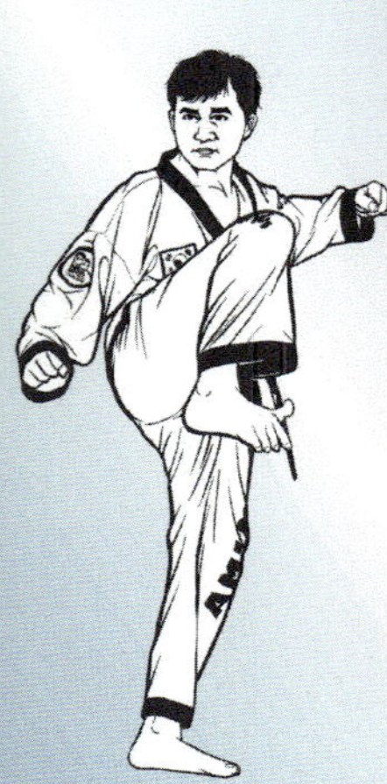

Explanation

발을 족장으로 살려 앞으로 곧게 뻗어 힘차게 상대방의 무릎부위에서 발목부분을 정강이 사이로 찬다.

2. 하단 족기차돌리기

상대방이 방향전환을 하려고 할 때 역습하기에 매우 효과적인 방어 발차기라고 할 수 있다.

경호무술 2
호위발차기법

Explanation

상대방의 무릎과 발목사이 내측면을 안에서 밖으로 돌려 뻗어 찬다.

3. 하단 발끝찍어 차기

상대방이 공격이나 방어를 하기위해 예비동작을 취하여 무릎이 굽어지거나 접히는 순간 역습하기에 좋은 발차기라고 할 수 있다.

Explanation

상대방의 무릎측면을 족공격목표로 사진과 같이 외서내로 돌려 뻗어 찬다.

3. 하단 발끝찍어 차기

상대방이 공격이나 방어를 하기위해 예비동작을 취하여 무릎이 굽어지거나 접히는 순간 역습하기에 좋은 발차기라고 할 수 있다.

Explanation

상대방의 무릎측면을 족공격목표로 사진과 같이 외서내로 돌려 뻗어 찬다.

5. 하단 뒤꿈치 대각 내려 찍어 차기

상대방과 근접 밀착된 상태에 있을때 상대방의 허벅지 무릎뒤축 장딴지 측 후면에 타격을 가하는 방법으로 역습 발차기로서 매우 효과적인 공격법이다.

Explanation

뒤발을 들어 전측방향 대각으로 들어 올려 무릎을 곧게 편다음 사진과 같이 발목이 고정되게 유지하면서 반원 대각 곡선으로 끄러 당기듯이 힘차게 찍어내려 찬다.

6. 하단 앞차기

상대방이 방심하고 있을때 선제 공격에 효과적인 발차기로서 기선제압에 매우 효과적이다.

Explanation

뒤발을 앞으로 사진과 같이 발의 앞꿈치를 살려 무릎을 힘차게 뻗으면선 상대방의 무릎하단 부분을 직선으로 힘차게 찬다.

7. 하단 옆차기

상대방이 공격하기 위해 체중을 앞발에 두고 있을 때 공격을 견제하기위한 쉬운 발차기라고 할 수 있다.

Explanation

하단옆차기는 발을 뻗어 가격하는 순간까지 일정한 높이와 수평을 유지하여 가격력을 높여주어야 한다.

8. 하단 옆차 뒤꿈치 걷어 돌려차기

상대방이 앞발을 좌우로 이동하거나 선방어자세에서 공격자세로 전환하려 할때 기습공격하기 좋은 발차기다.

Explanation

뒤발을 앞으로 옮기면서 옆차기 하듯 왼쪽발 측면 대각으로 곧게 뻗은 다음 동시에 발목을 유지하면서 끌어 당기듯이 걷어 돌려찬다.

9. 하단 족도 차 돌리기

상대방이 방향전환을 하려는 순간 상대방을 역습하는 동시에 자세를 바꾸어 상대의 역습
에 노출되지 않도록 자세를 바꾸기에 좋은 발차기라고 할 수 있다.

Explanation

밖에서 안으로 큰원을 그리며 상대방의 다리앞쪽을 힘차게 돌려찬다.

10. 하단 뒤차기

상대방이 공격하기위해 체중을 앞발에 두고 있을 때 공격을 견제하기 위한 쉬운 발차기라고 할 수 있다.

Explanation

하단뒤차기는 사진가 같이 360° 전환하여 발을 뻗어 가격하는 순간까지 일정한 높이와 수평을 목표를 가격한 다음 유지하여 균형을 유지하여 원위치 한다.

경호무술

11. 하단 뒤차 뒤꿈치 걸어 돌려차기

상대방이 선제공격 하기 위해 깊숙하게 접근해 오거나 발차기 공격을 위해 발을 들어올린 경우 상대방의
발차기 공격을 피하면서 역습을 노력 반격하기 좋은 공격 발차기다.

Explanation

반 뒤차기 자세를 유지해 발을 대각으로 뻗어 차는 동시에 원으로 힘차게 걸어 올려 찬다.

3. 복식 발차기법

(1) 복식발차기법 의의   M E A N I N G

복식발차기는 연속적으로 2회이상 발차기를 구사하는 것을 말하는 것으로 한발을 이용하는 방법과 좌우양발을 이용하는 것으로 구분할 수 있으며, 그 종류로서는 일족복식발차기, 좌우족복식발차기, 이방일족복식발차기(전측, 전후, 측전, 측후, 후전, 후측), 이방좌우족복식발차기(전측, 전후, 측전, 측후, 후전, 후측), 사방복식발차기 등으로 구분된다.

이와같은 복식발차기는 공방기술에서 매우 중요하며, 얼마만큼 신속하고 정확하게 그리고 상대의 공격과 방어에 적합한 유형의 발차기를 구사하느냐 하는 문제가 크게 중요시 된다고 할 수 있다.

특히, 복식발차기는 연속동작을 취하기 때문에 몸의 균형유지가 핵심이 된다고 해도 과언이 아니며, 최적의 발차기를 실현시키려면 신속·과감한 발차기가 우선해야만 된다.

따라서 복식발차기 수련시에는 단식발차기와는 달리 실전을 가상하고 상대의 공격유형을 생각하며, 상황에 적합한 유형의 복식발차기를 수련하도록 노력한다.

(2) 복식차기법 종류   C L A S S I F Y

복식발차기법		
	일족복식발차기	
	좌우족복식발차기	
	이방복식발차기	이방전측복식발차기
		이방전후복식발차기
		이방전측좌우족복식발차기
		이방전후좌우족복식발차기
		이방좌우측좌우족복식발차기
	사방복식발차기	

상, 중, 하

(3) 일족복식 발차기

일족복식발차기란?

 단식 발차기 동작을 한발로 2회 이상 연속동작으로 이어 차는 발차기 기술로 상당한 수련을 요한다. 일족복식발차기의 장점은 2회이상 연속동작으로 구현할 수 있어 공격에 많은 장점을 갖고 있는데 이 같은 발차기는 상대방에게 단식 발차기의 빈틈을 주지 않고 보다 효과적으로 상대를 공격할 수 있다.

① 일족복식발차기 (단식발차기18개동작 기본실시)

1) 안다리차고 점프 안다리 돌려차기
2) 안다리차고 점프 뒤돌아 안다리 돌려차기
3) 안다리차고 점프 발끝 찍기
4) 안다리차고 점프 뒤돌아 발끝찍기
5) 안다리차고 점프 앞차기
6) 안다리차고 점프 뒤돌아 앞차기
7) 안다리차고 점프 족장지르기
8) 안다리차고 점프 뒤돌아 족장지르기
9) 안다리차고 점프 옆차기

10) 안다리차고 뒤꿈치 원 그려차기
11) 안다리차고 뒤꿈치 걸어 돌려차기
12) 바깥다리차고 점프 바깥 다리차기
13) 바깥다리차고 점프 발끝 찍어 차기
14) 바깥다리차고 점프 앞차기
15) 바깥다리차고 점프 뒤돌아 앞차기
16) 바깥다리차고 점프 내외 발끝 찍어 차기
17) 바깥다리차고 점프 뒤돌아 내외 발끝 찍어 차기

18) 바깥다리차고 뒤차기
19) 바깥다리차고 서서 돌려차기
20) 바깥다리차고 점프 서서돌려차기
21) 바깥다리차고 뒤꿈치 걸어 돌려차기
22) 바깥다리차고 점프 뒤돌아 뒤꿈치 걸어 돌려차기
23) 바깥다리차고 앉아 돌려차기
24) 바깥다리차고 뒤꿈치 걸어 앉아 돌려차기
25) 발끝찍고 점프 발끝 찍기
26) 발끝찍고 점프 뒤돌아 발끝 찍기

27) 발끝찍고 점프 뒤돌아 안다리 돌려차기

28) 발끝찍고 점프 족장 지르기

29) 발끝찍고 점프 뒤돌아 족장 지르기

30) 발끝찍고 점프 앞차기

31) 발끝찍고 점프 뒤돌아 앞차기

32) 발끝찍고 점프 옆차기

33) 발끝찍고 뒤꿈치 윈그려차기

34) 발끝찍고 뒤꿈치 걸어 돌려차기

35) 발끝찍고 뒤돌아 뒤꿈치 걸어 돌려차기

36) 발끝찍고 뒤차기

37) 발끝찍고 점프 뒤차기

38) 발끝찍고 서서 돌려차기

39) 발끝찍고 점프 서서 돌려차기

40) 발끝찍고 앉아 돌려차기

41) 발끝찍고 뒤꿈치 걸어 앉아 돌려차기

42) 내외발끝 찍고 점프 내외 발끝찍기

43) 내외발끝 찍고 점프 발끝찍기

44) 내외발끝 찍고 점프 뒤돌아 발끝찍기

45) 내외발끝 찍고 점프 뒤돌아 안다리 돌려차기

46) 내외발끝 찍고 점프 족장 지르기

47) 내외발끝 찍고 점프 뒤돌아 족장지르기

48) 내외발끝 찍고 점프 앞차기

49) 내외발끝 찍고 점프 뒤돌아 앞차기

50) 내외발끝 찍고 점프 옆차기

51) 내외발끝 찍고 뒤꿈치 윈그려차기

52) 내외발끝 찍고 뒤꿈치 걸어 돌려차기

53) 내외발끝 찍고 뒤돌아 뒤꿈치 걸어 돌려차기

54) 내외발끝 찍고 서서 돌려차기

55) 내외발끝 찍고 점프 서서 돌려차기

56) 내외발끝 찍고 앉아 돌려차기

57) 내외발끝 찍고 뒤꿈치 걸어 앉아 돌려차기

58) 옆차고 점프 옆차기

59) 옆차고 점프 발끝찍기

60) 옆차고 점프 내외 발끝찍기

61) 옆차고 점프 뒤돌아 발끝찍기

167) 앉아돌려차고 서서 돌려차기
168) 앉아돌려차고 점프 서서 돌려차기
169) 앉아돌려차고 뒤돌아 뒤꿈치 걸어 돌려차기
170) 앉아돌려차고 점프 뒤돌아 뒤꿈치 걸어 돌려차기
171) 뒤꿈치 대각 내려찍어차고 뒤꿈치 내려 찍어차기
172) 뒤꿈치 대각 내려찍어차고 내외 발끝찍기
173) 뒤꿈치 대각 내려찍어차고 발끝찍기
174) 뒤꿈치 대각 내려찍어차고 점프 발끝찍기
175) 뒤꿈치 대각 내려찍어차고 점프 내외 발끝찍기
176) 뒤꿈치 대각 내려찍어차고 점프 앞차기
177) 뒤꿈치 대각 내려찍어차고 점프 뒤돌아 앞차기
178) 뒤꿈치 대각 내려찍어차고 족장지르기
179) 뒤꿈치 대각 내려찍어차고 점프 발끝찍기
180) 뒤꿈치 대각 내려찍어차고 점프 옆차기
181) 뒤꿈치 대각 내려찍어차고 뒤꿈치 원 그려차기
182) 뒤꿈치 대각 내려찍어차고 뒤꿈치 걸어 돌려차기
183) 뒤꿈치 대각 내려찍어차고 점프 뒤돌아 뒤꿈치 걸어 돌려차기
184) 뒤꿈치 대각 내려찍어차고 서서 돌려차기
185) 뒤꿈치 대각 내려찍어차고 점프 서서 돌려차기
186) 뒤꿈치 대각 내려찍어차고 점프 뒤돌아 뒤꿈치 걸어 돌려차기
187) 뒤꿈치 대각 내려찍어차고 앉아 돌려차기

188) 족기지르고 족기지르기
189) 족기지르고 안다리 돌려차기
190) 족기지르고 바깥다리 돌려차기
191) 족기지르고 발끝 찍어차기
192) 족기지르고 점프 발끝 찍어차기
193) 족기지르고 내외 발끝 찍어차기
194) 족기지르고 점프 내외 발끝 찍어차기
195) 족기지르고 옆차기
196) 족기지르고 점프 옆차기
197) 족기지르고 뒤꿈치 원 그려차기

198) 족기지르고 뒤꿈치 걸어 돌려차기
199) 족기지르고 앞차기
200) 족기지르고 점프 앞차기
201) 족기지르고 족장 밀어차기

202) 족기지르고 점프 족장 밀어차기

203) 족기지르고 뒤꿈치 대각 내려찍어 차기

204) 족기지르고 뒤차기

205) 족기지르고 뒤꿈치 걸어 돌려차기

206) 족기지르고 서서 돌려차기

207) 족기지르고 앉아 돌려차기

208) 족기지르고 뒤꿈치 앉아 걸어 돌려차기

209) 하상단 옆차기

210) 옆차기 뒤꿈치 걸어 돌려차기(응용)

211) 뒤차 뒤꿈치 걸어 돌려차기(응용)

212) 앞발옆차 뒤꿈치 걸어 돌려차기(응용)

213) 뒤꿈치 앉아 걸어 돌려차기(응용)

214) 발등반달내려찍어차기(응용)

215) 무릎 올려 차기(응용)

216) 이 외로도 방향을 45˚ 90˚ 180˚ 등 다양한 각도로 응용하여 발차기 할 수도 있다.

1. 족기 지르고 중(상)단 발끝 찍어차기

상대방이 선제 공격을 하기 위하여 매우 근접된 위치에 있을 때 상대방의 하단을 공격하여 저지하면서 이를 기회로 상대의 약점에 대한 공격을 빠르게 구사하는 발차기로 매우 유용한 발차기라 할 수 있다. 단점이라면 다른 발차기보다 파워가 약하다는 단점이 있다. 따라서 계속 공격을 집중하도록 해야한다.

Explanation

족장으로 하단을 뻗어 찬 다음 찬 발을 내서외로 다시 외서내로 돌려 발끝 찍어 찬다.

GUARD MILITARY

경호무술

2. 족기 지르고 내서외로 발끝찍기

상대의 접근되는 선제 공격에 대응하여 정면으로 저지하는 동시에 상대의 얼굴을 역습하는 발차기로서 매우 유용한 발차기라고 할 수 있다.

경호무술2
호위발차기법

Explanation

상체의 각도는 거의 그대로 유지하면서 상체의 높낮이 만을 순간 조정하여 발차기한다.

3. 족기 지르고 뒤꿈치 대각 내려 찍어차기

상대의 접근이 자신에게 밀착된 경우 상대의 하단정면과 중단 후면을 공격하는 발차기로써 매우 유용한 발차기라고 할 수 있다.

Explanation

상대가 밀착된 경우이기 때문에 안정된 균형을 위해 필요에 따라 상대를 손으로 잡으며 발차기 하는것이 필요 할 수 있다.

4. 하단발차고 옆차기

상대가 공격하기 위해 자세를 낮추고 앞발을 길게 내밀어 서있는 경우 공격을 견재하기에 유용한 발차기라고 할 수 있다.

Explanation

상대의 신체높이에 관계없이 자유롭게 가격하는데 정해진 위치를 정확히 신속하게 뻗어 찬다.

5. 앞차고 뒤차기

상대의 정면에 허점이 들어나 보이는 경우에 선제공격하는 발차기로서 매우 유용하고 효과적인 발차기라고 할 수 있다.

Start

Explanation

신속 과감한 동작이 요구되는 발차기로서 정확도를 더해 연속적으로 상대의 몸통을 공격한다.

6. 앞차고 앞발 옆차기

상대의 정면이 허점이 노출된 경우 선재
공격하면서 뒤로 물러나는 상대를 깊숙히
공격하기에 효과적인 발차기다.

Start

경호무술2
호위발차기법

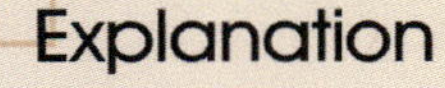

Explanation

신속과감하게 수직으로 연속공격하여 상대의 정면몸통을 가격한다. 필요한 경우 점프동작을 혼용한다.

107

밀착된 상대를 방어 발차기
용도로 효과적이며, 빈틈이 보
이는 중심부위 반격에 더욱 효

Start

Explanation

안다리 찬 다음 발등부위를 살려 내서외로 밑에서 위로 뻗어 찬다.

GUARD MILITARY

경호무술

8. 안다리 돌려차고 옆차기

Start

상대의 공격을 방어하는 동시에 재역습하는 상대의 공격에 대하여 역습공격 발차기를 하는데 매우 효과적인 발차기기술이다.

Explanation

회전력을 최대한 이용하되 상대의 공격각도에 정확히 일치되도록 발의 각도를 맞춘다.

9. 안다리 돌려차고 뒤꿈치 대각 내려 찍어차기

Start

상대의 중상단 공격발차기에 대하여 방어하며 밀착된 상대의 뒤면의 허점을 역습하기에 유용한 발차기다.

Explanation

상대의 앞차기 뒤차기 옆차기 등을 과감하게 발로 쳐 낸 후 밀착된 상대를 잡고 등 후면을 공격한다.

10. 안다리 돌려차고 뒤꿈치 걷어 돌려차기

상대의 공격발차기에 대하여 방어하는 동시에 허점이 노출된 얼굴 상단을 역습하기에 매우 유용한 발차기다.

Start

경호무술 2
호위발차기법

Explanation

상대의 발차기를 쳐내어 방어한 후 노출된 상대의 얼굴과 목을 향하여 찬다.

11. 안다리 돌려차고 서서 돌려차기

상대의 공격을 방어하는
동시에 재역습하는 상대
의 공격에 대하여 재방어
발차기를 하는데 매우 유
용한 발차기기술이다.

Explanation

회전력을 최대한 이용하되 균형을 잃지 않도록 주의한다.

12. 발끝 찍어차고 앉아 돌려차기

노출된 상대의 상체와 얼굴을 공격하면서 하체발을 공격하기에 유용한 발차기다.

Start

◾Explanation

상대가 위치이동을 하지 않는다라는 전재에서 몸통·얼굴·다리를 동시에 공격하는 기술로서 상하운동의 신속성이 중요한 기술이 된다.

13. 서서 돌려차고 앉아 돌려차기

선제공격을 통하여 상대의 역공격을 유발시켜 근접해 오는 상대의 하단에 대한 약점을 노려 제압할 수 있는 발차기로 상대에게 빈틈을 보이지 않을 때 구현하는 것이 좋다.

Explanation

뒤꿈치로 서서 돌려차기 한 다음 무릎을 구부려 상체를 낮추어 앉아 돌려 찬다.

114

14. 앉아 돌려차고 서서 돌려차기

상대의 선제공격을 피하며 노출된 하단에 공격을 가함으로써 결정적으로 위기의 상황을
피해 차는 발차기라 하겠다.

Explanation

상대의 무릎 밑부분을 공격한 다음 얼굴을 원그려 돌려찬다.

15. 안다리 차고 점프 뒤돌아 안다리 돌려차기

 이 발차기는 360° 회전해야하기 때문에 몸의 중심과 균형을 유지
하면서 지구가 자전과 공전을 하는 것과 같이 취하여 몸으로부터
생성되는 구심력과 원심력 힘을 가격 발부위로 전달하여 집중한
다음 빠른 스피드를 살려 발차기를 해야만 한다.

Start

Explanation

안다리 돌려차기를 한 다음 발차기 한발이 지면에 착지하는 동시에 몸을 공중에 도약시켜 다시 도약된 몸통
을 360°로 돌려 착지했던 발을 다시 들어 뒤꿈치 부분으로 안으로 돌려찬다.

상대를 방어하는 동시에 역으로 상대를 깊숙히 역공격하는 발차기로 빠른 발차기를 구사 할 수 있는 장점을 갖고 있다.

Explanation

안다리 돌려 찬 다음 상체를 공중에 도약시킨 다음 몸을 360˚ 돌리는 동시에 발등을 살려 수평으로 발끝 찍어 찬다.

17. 발끝 찍어차고 점프 뒤돌아 발끝 찍어차기

상대를 선제 공격 할 수 있는 기습 발차기로 상대방의 안정된 자세를 흐트러 놓는 동시에 기습적으로 선제 공격을 성공적으로 이루는데 가장 효과적인 발차기라고 할 수 있다.

Explanation

상대의 얼굴측면을 가격 한다음 점프회전하여 얼굴측면을 찬다.

18. 안다리 돌려차고 뒤꿈치 원그려 돌려차기

상대방의 공격징후와 동시에 반격방어 발차기로 기선을 제압한후 상대방의 방어자세가 흐트러진 틈을 타 역습하는 발차기로서 좌우측 측면을 거의 동시에 이어 찬다.

Explanation

안다리 돌려차기 자세로 몸을 반대로 돌리는 동시에 뒤꿈치원그려돌려차기 준비자세로 변환시켜 상대방의 역습에 반격할 수 있도록 한다.

119

19. 발끝 찍고 점프 발끝 찍어차기

상대방의 얼굴상단부분측면을 가격한 다음 뒤로 물러서는 상대방을 따라가 체중을 실어 사진과 같이 찬다. 이 발차기는 상대방의 방어벽이 완전하게 무너져 허점이 완연하게 노출된 경우 신속·정확하게 연속적으로 밀어 붙이는 발차기라고 할 수 있다.

20. 옆차고 점프 이단옆차기

상대방의 방어자세가 흐트러져 있거나
원거리로 피하려 하는 경우에 상대방의
몸통이나 얼굴을 겨냥해 깊숙히 공격하여
무력화시키기에 아주 좋은 발차기이다.

경호무술 2
호위발차기법

Explanation

옆차기로 상대방의 명치부분을 가격한 다음 뒤로 물러서는 상대방의 얼굴이나 몸통을 향해 이단옆차기로
힘차게 가격한다.

상대방의 공격발차기(앞차기, 발끝찍어차기, 안다리돌려차기, 옆차기)유형에 대하여 가장 효과적으로 대응하기 쉬운 발차기가 서서돌려차기로서, 보다 강하고 위력적인 발차기를 위해 점프서서돌려차기를 혼용하여 구현할 때 가장 강력한 발차기가 된다.

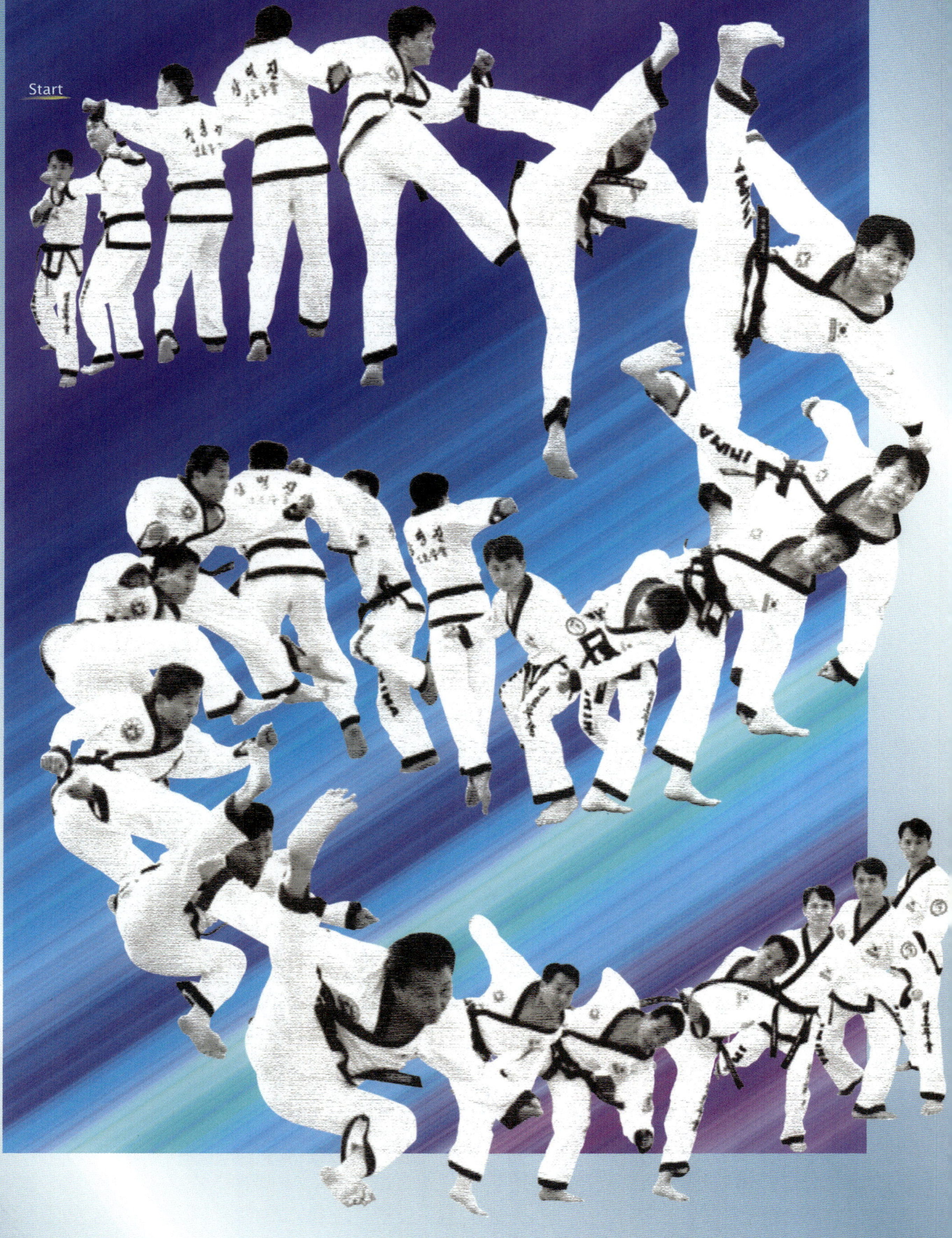

Start

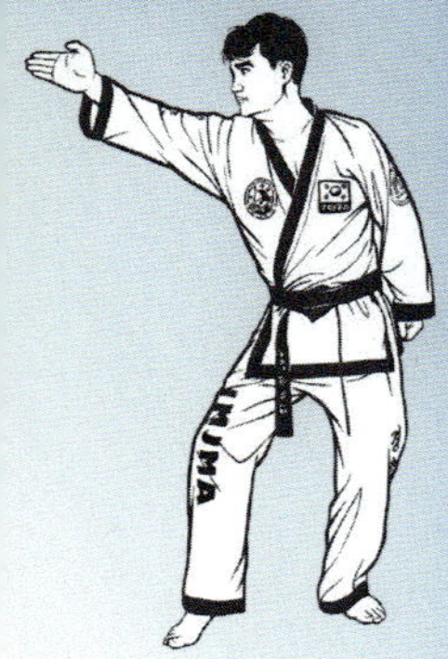

22. 앉아돌려차고 서서돌려차고 점프 서서돌려차기

이 발차기는 상대방의 하단, 중단, 상단을 순차적으로 연속적으로 측면을 공격하기에 좋은 발차기로서 가장 신속하며 위력적인 발차기라고 할 수 있다. 특히, 원심력의 원리를 최대한 이용하는 발차기기술이라고 할 수 있다.

23. 하단 뒤차고 앉아 돌려차기

상대방의 하단 전·측방의 허점을 연속해 공격하는 기술로서 선제공격 또는 역습기회를 노려 공격하기에 좋은 기술이다. 특히, 발차기기술보다는 손기술을 이용하려는 상대방에 대하여 대응하기에 매우 효과적인 기술이다. 다시말해 치거나 잡거나 꺾기와 같은 상대의 공격기술에 대응하기 유리한 발차기라고 할 수 있다.

2. 좌우족 복식 발차기

좌우족발차기란?

 단식 발차기 동작을 2회 이상 연속동작으로 이어 좌우족으로 바꾸어 차는 발차기기술로 상당히 많은 수련을 요한다. 좌우족복식 발차기의 장점은 2회 이상 연속동작으로 상대방에게 역습할 기회를 주지 않으면서 상대의 좌우측 허점을 보다 정확하게 공격 할 수 있는 장점을 가지고 있다. 특히 일족복식발차기 보다는 다소 느릴 수도 있으나 상대적으로 강한 발차기를 구사할 수 있는 발차기라고 할 수 있다.

좌우족복식발차기 (단식발차기18개동작 기본실시)

1) 좌우바꿔 뒤꿈치 차올리기(차내리기)
2) 좌우바꿔 족도 차올리기
3) 좌우바꿔 안다리 돌려차기
4) 좌우바꿔 바깥다리 돌려차기
5) 좌우바꿔 발끝 찍어차기(중.상)
6) 좌우바꿔 내외 발끝 찍어차기(중.상)
7) 좌우바꿔 옆차기(중.상)
8) 좌우바꿔 옆차걸어 돌려차기(중.상)
9) 좌우바꿔 뒤꿈치 원그려차기
10) 좌우바꿔 앞차기(중.상)
11) 좌우바꿔 족장 밀어차기(중.상)
12) 좌우바꿔 뒤꿈치 대각 내려찍어차기(중.상)
13) 좌우바꿔 앞발 옆차기(중.상)
14) 좌우바꿔 앞발옆차 뒤꿈치 걸어 돌려차기(중.상)
15) 좌우바꿔 뒤차기(중.상)
16) 좌우바꿔 뒤차 걸어 돌려차기(중.상)
17) 좌우바꿔 서서 돌려차기(중.상)
18) 좌우바꿔 앉아 돌려차기
19) 좌우바꿔 발등 반달 내려 찍어차기
20) 좌우바꿔 무릎 올려차기
21) 반안다리 돌려차고 바꿔 바깥다리 돌려차기
22) 반안다리 돌려차고 바꿔 발끝 찍어차기
23) 반안다리 돌려차고 바꿔 점프 발끝 찍어차기
24) 반안다리 돌려차고 바꿔 내외 발끝 찍어차기
25) 반안다리 돌려차기 바꿔 점프 내외 발끝 찍어차기

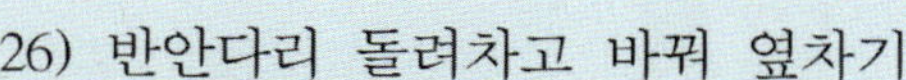

26) 반안다리 돌려차고 바꿔 옆차기
27) 반안다리 돌려차고 바꿔 앞발 옆차기
28) 반안다리 돌려차고 바꿔 뒤꿈치 원 그려차기
29) 반안다리 돌려차고 바꿔 뒤꿈치 걸어 돌려차기
30) 반안다리 돌려차고 바꿔 점프 뒤꿈치 걸어 돌려차기
31) 반안다리 돌려차고 바꿔 앞차기
32) 반안다리 돌려차고 바꿔 점프 앞차기
33) 반안다리 돌려차고 바꿔 족장 밀어차기
34) 반안다리 돌려차고 바꿔 점프 족장 밀어차기
35) 반안다리 돌려차고 바꿔 뒤꿈치 대각 내려 찍어차기
36) 반안다리 돌려차고 바꿔 점프 뒤꿈치 대각 내려 찍어차기
37) 반안다리 돌려차고 바꿔 뒤차기
38) 반안다리 돌려차고 바꿔 점프 뒤차기
39) 반안다리 돌려차고 바꿔 뒤차 뒤꿈치 걸어 돌려차기
40) 반안다리 돌려차고 바꿔 점프 뒤차 뒤꿈치 걸어 돌려차기
41) 반안다리 돌려차고 바꿔 서서 돌려차기
42) 반안다리 돌려차고 바꿔 점프 서서 돌려차기
43) 반안다리 돌려차고 바꿔 앉아 돌려차기
44) 반안다리 돌려차고 바꿔 반달 발등 내려 찍어차기
45) 반안다리 돌려차고 바꿔 무릎 올려 차기
46) 반안다리 돌려차고 바꿔 점프 무릎 올려차기
47) 바깥다리 돌려차고 바꿔 점프 바깥다리 돌려차기
48) 바깥다리 돌려차고 바꿔 안다리 돌려차기
49) 바깥다리 돌려차고 바꿔 점프 안다리 돌려차기
50) 바깥다리 돌려차고 바꿔 발끝 찍어차기
51) 바깥다리 돌려차고 바꿔 점프 발끝 찍어차기
52) 바깥다리 돌려차고 바꿔 내외 발끝 찍어차기
53) 바깥다리 돌려차고 바꿔 점프 내외 발끝 찍어차기

54) 바깥다리 돌려차고 바꿔 옆차기
55) 바깥다리 돌려차고 바꿔 앞발옆차기
56) 바깥다리 돌려차고 바꿔 뒤꿈치 원그려차기
57) 바깥다리 돌려차고 바꿔 뒤꿈치 걸어 돌려차기
58) 바깥다리 돌려차고 바꿔 앞차기
59) 바깥다리 돌려차고 바꿔 점프 앞차기
60) 바깥다리 돌려차고 바꿔 족장 밀어차기

127

61) 바깥다리 돌려차고 바꿔 점프 족장 밀어차기
62) 바깥다리 돌려차고 바꿔 뒤꿈치 대각 내려 찍어차기
63) 바깥다리 돌려차고 바꿔 점프 뒤꿈치 대각 내려 찍어차기
64) 바깥다리 돌려차고 바꿔 뒤차기
65) 바깥다리 돌려차고 바꿔 점프 뒤차기
66) 바깥다리 돌려차고 바꿔 뒤차 뒤꿈치 걸어 돌려차기
67) 바깥다리 돌려차고 바꿔 서서 돌려차기
68) 바깥다리 돌려차고 바꿔 점프 서서 돌려차기
69) 바깥다리 돌려차고 바꿔 앉아 돌려차기
70) 바깥다리 돌려차고 바꿔 발등 반달내려 찍어차기
71) 바깥다리 돌려차고 바꿔 무릎 올려차기
72) 바깥다리 돌려차고 바꿔 점프 무릎 올려 차기
73) 발끝 찍어차고 바꿔 점프 발끝 찍얼차기
74 발끝 찍어차고 바꿔 반 안다리 돌려차기
75) 발끝 찍어차고 바꿔 점프 반 안다리 돌려차기
76) 발끝 찍어차고 바꿔 바깥다리 돌려차기
77) 발끝 찍어차고 바꿔 점프 바깥다리 돌려차기
78) 발끝 찍어차고 바꿔 내외 발끝 찍어차기
79) 발끝 찍어차고 바꿔 점프 내외 발끝 찍어차기
80) 발끝 찍어차고 바꿔 옆차기
81) 발끝 찍어차고 바꿔 앞발 옆차기
82) 발끝 찍어차고 바꿔 뒤꿈치 원그려차기
83) 발끝 찍어차고 바꿔 뒤꿈치 걸어 돌려차기
84) 발끝 찍어차고 바꿔 앞차기
85) 발끝 찍어차고 바꿔 점프 앞차기
86) 발끝 찍어차고 바꿔 족장 밀어차기
87) 발끝 찍어차고 바꿔 점프 족장 밀어차기
88) 발끝 찍어차고 바꿔 뒤꿈치 대각 내려 찍어차기
89) 발끝 찍어차고 바꿔 점프 뒤꿈치 대각 내려 찍어차기
90) 발끝 찍어차고 바꿔 뒤차기
91) 발끝 찍어차고 바꿔 점프 뒤차기
92) 발끝 찍어차고 바꿔 뒤차 걸어 돌려차기
93) 발끝 찍어차고 바꿔 서서 돌려차기
94) 발끝 찍어차고 바꿔 점프 서서 돌려차기
95) 발끝 찍어차고 바꿔 앉아 돌려차기

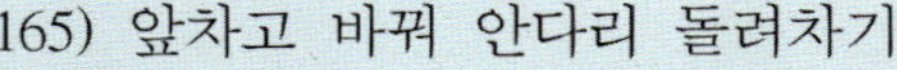

165) 앞차고 바꿔 안다리 돌려차기
166) 앞차고 바꿔 점프 안다리 돌려차기
167) 앞차고 바꿔 바깥다리 돌려차기
168) 앞차고 바꿔 점프 바깥다리 돌려차기
169) 앞차고 바꿔 발끝 찍어차기
170) 앞차고 바꿔 점프 발끝 찍어차기
171) 앞차고 바꿔 내외 발끝 찍어차기
172) 앞차고 바꿔 내외 점프 발끝 찍어차기
173) 앞차고 바꿔 족장 밀어차기
174) 앞차고 바꿔 점프 족장 밀어차기
175) 앞차고 바꿔 옆차기
176) 앞차고 바꿔 점프 옆차기
177) 앞차고 바꿔 앞발 옆차기
178) 앞차고 바꿔 뒤꿈치 원그려차기
179) 앞차고 바꿔 뒤꿈치 걸어 돌려차기
180) 앞차고 바꿔 뒤꿈치 대각 내려 찍어차기
181) 앞차고 바꿔 점프 뒤꿈치 대각 내려 찍어차기
182) 앞차고 바꿔 뒤차기
183) 앞차고 바꿔 점프 뒤차기
184) 앞차고 바꿔 뒤차 뒤꿈치 걸어 돌려차기
185) 앞차고 바꿔 서서 돌려차기
186) 앞차고 바꿔 점프 서서 돌려차기
187) 앞차고 바꿔 앉아 돌려차기
188) 앞차고 바꿔 발등 반달내려 찍어차기
189) 앞차고 바꿔 무릎 올려차기
190) 앞차고 바꿔 점프 무릎 올려 차기
191) 족장밀어차고 바꿔 점프 족장밀어차기
192) 족장밀어차고 바꿔 점프 앞차기
193) 족장밀어차고 바꿔 안다리 돌려차기
194) 족장밀어차고 바꿔 점프 안다리 돌려차기
195) 족장밀어차고 바꿔 바깥다리 돌려차기
196) 족장밀어차고 바꿔 점프 바깥다리 돌려차기
197) 족장밀어차고 바꿔 발끝 찍어차기
198) 족장밀어차고 바꿔 점프 발끝 찍어차기
199) 족장밀어차고 바꿔 내외 발끝 찍어차기

경호무술 2
호위발차기법

131

200) 족장밀어차고 바꿔 점프 내외 발끝 찍어차기
201) 족장밀어차고 바꿔 족장 밀어차기
202) 족장밀어차고 바꿔 점프 족장 밀어차기
203) 족장밀어차고 바꿔 옆차기
204) 족장밀어차고 바꿔 점프 옆차기
205) 족장밀어차고 바꿔 앞발 옆차기
206) 족장밀어차고 바꿔 뒤꿈치 원그려차기
207) 족장밀어차고 바꿔 뒤꿈치 걸어 돌려차기
208) 족장밀어차고 바꿔 뒤꿈치 대각 내려 찍어차기
209) 족장밀어차고 바꿔 점프 뒤꿈치 대각 내려 찍어차기
210) 족장밀어차고 바꿔 뒤차기
211) 족장밀어차고 바꿔 점프 뒤차기
212) 족장밀어차고 바꿔 뒤차 뒤꿈치 걸어 돌려차기
213) 족장밀어차고 바꿔 서서 돌려차기
214) 족장밀어차고 바꿔 점프 서서 돌려차기
215) 족장밀어차고 바꿔 앉아 돌려차기
216) 족장밀어차고 바꿔 발등 반달내려 찍어차기
217) 족장밀어차고 바꿔 무릎 올려 차기
218) 족장밀어차고 바꿔 점프 무릎 올려 차기
219) 뒤꿈치 대각 내려 찍어차고 바꿔 점프 뒤꿈치 대각 내려 찍어차기
220) 뒤꿈치 대각 내려 찍어차고 바꿔 안다리 돌려차기
221) 뒤꿈치 대각 내려 찍어차고 바꿔 점프 안다리 돌려차기
222) 뒤꿈치 대각 내려 찍어차고 바꿔 바깥다리 돌려차기
223) 뒤꿈치 대각 내려 찍어차고 바꿔 점프 바깥다리 돌려차기
224) 뒤꿈치 대각 내려 찍어차고 바꿔 발끝 찍어차기
225) 뒤꿈치 대각 내려 찍어차고 바꿔 점프 발끝 찍어차기
226) 뒤꿈치 대각 내려 찍어차고 바꿔 내외 발끝 찍어차기
227) 뒤꿈치 대각 내려 찍어차고 바꿔 점프 내외 발끝 찍어차기
228) 뒤꿈치 대각 내려 찍어차고 바꿔 옆차기
229) 뒤꿈치 대각 내려 찍어차고 바꿔 점프 옆차기
230) 뒤꿈치 대각 내려 찍어차고 바꿔 뒤꿈치 원그려차기
231) 뒤꿈치 대각 내려 찍어차고 바꿔 뒤꿈치 걸어 돌려차기
232) 뒤꿈치 대각 내려 찍어차고 바꿔 앞차기
233) 뒤꿈치 대각 내려 찍어차고 바꿔 점프 앞차기
234) 뒤꿈치 대각 내려 찍어차고 바꿔 족장 밀어차기

305) 서서 돌려차고 바꿔 점프 바깥다리 돌려차기
306) 서서 돌려차고 바꿔 발끝 찍어차기
307) 서서 돌려차고 바꿔 점프 발끝 찍어차기
308) 서서 돌려차고 바꿔 내외 발끝 찍어차기
309) 서서 돌려차고 바꿔 점프 내외 발끝 찍어차기
310) 서서 돌려차고 바꿔 족장 밀어차기
311) 서서 돌려차고 바꿔 점프 족장 밀어차기
312) 서서 돌려차고 바꿔 점프 옆차기
313) 서서 돌려차고 바꿔 앞발 옆차기
314) 서서 돌려차고 바꿔 뒤꿈치 원그려차기
315) 서서 돌려차고 바꿔 뒤꿈치 걸어 돌려차기
316) 서서 돌려차고 바꿔 뒤꿈치 대각내려 찍어차기
317) 서서 돌려차고 바꿔 점프 뒤꿈치 대각내려 찍어차기
318) 서서 돌려차고 바꿔 점프 뒤꿈치 대각내려 찍어차기
319) 서서 돌려차고 바꿔 발등 반달내려 찍어차기
320) 서서 돌려차고 바꿔 무릎 올려차기
321) 서서 돌려차고 바꿔 점프 무릎 올려차기
322) 앉아 돌려차고 점프 안다리 돌려차기
323) 앉아 돌려차고 점프 바깥다리 돌려차기
324) 앉아 돌려차고 점프 발끝 찍어차기
325) 앉아 돌려차고 점프 내외 발끝 찍어차기
326) 앉아 돌려차고 점프 앞차기
327) 앉아 돌려차고 점프 족장 밀어차기
328) 앉아 돌려차고 점프 옆차기
329) 앉아 돌려차고 점프 앞발 옆차기
330) 앉아 돌려차고 점프 뒤꿈치 원그려차기
331) 앉아 돌려차고 점프 뒤꿈치 걸어 돌려차기
332) 앉아 돌려차고 점프 뒤꿈치 대각내려 찍어차기
333) 앉아 돌려차고 발등 반달내려 찍어차기
334) 앉아 돌려차고 점프 무릎 올려차기
335) 무릎올려차고 바꿔 점프 무릎 올려차기
336) 무릎올려차고 바꿔 점프 앞차기
337) 무릎올려차고 바꿔 안다리 돌려차기
338) 무릎올려차고 바꿔 점프 안다리 돌려차기
339) 무릎올려차고 바꿔 바깥다리 돌려차기

340) 무릎올려차고 바꿔 점프 바깥다리 돌려차기

341) 무릎올려차고 바꿔 발끝 찍어차기

342) 무릎올려차고 바꿔 점프 발끝 찍어차기

343) 무릎올려차고 바꿔 내외 발끝 찍어차기

344) 무릎올려차고 바꿔 점프 내외 발끝 찍어차기

345) 무릎올려차고 바꿔 족장 밀어차기

346) 무릎올려차고 바꿔 점프 족장 밀어차기

347) 무릎올려차고 바꿔 옆차기

348) 무릎올려차고 바꿔 점프 옆차기

349) 무릎올려차고 바꿔 앞발 옆차기

350) 무릎올려차고 바꿔 뒤꿈치 원그려차기

351) 무릎올려차고 바꿔 뒤꿈치 걸어 돌려차기

352) 무릎올려차고 바꿔 뒤꿈치 대각내려 찍어차기

353) 무릎올려차고 바꿔 점프 뒤꿈치 대각내려 찍어차기

354) 무릎올려차고 바꿔 뒤차기

355) 무릎올려차고 바꿔 점프 뒤차기

356) 무릎올려차고 바꿔 뒤차 뒤꿈치 걸어 돌려차기

357) 무릎올려차고 바꿔 서서 돌려차기

358) 무릎올려차고 바꿔 점프 서서 돌려차기

359) 무릎올려차고 바꿔 앉아 돌려차기

360) 무릎올려차고 바꿔 발등 반달내려 찍어차기

361) 무릎올려차고 바꿔 무릎 올려차기

362) 무릎올려차고 바꿔 점프 무릎 올려차기

363) 뒤꿈치 걸어 돌려차기(응용)

364) 뒤차 뒤꿈치 걸어 돌려차기(응용)

365) 발 올려들어 발등 반달내려 찍어차기(응용)

366) 이 외로도 방향을 45˚, 90˚, 180˚ 등 다양한 각도로 응용하여 발차기 할 수도 있다.

(2) 좌우족 복식 발차기 설명 (예)

1. 앞차고 옆차기

Start

상대의 얼굴과 몸통의 노출된 정면허점을 선제공격하기에 매우 효과적인 발차기라고 할 수 있다.

Explanation

앞차고 옆차기로 전환하는 순간, 안정된 자세유지에 주의해야하며 앞차기는 상대의 얼굴과 명치를 겨냥 가격하고 옆차기는 명치를 중심으로 몸통전체를 겨냥해 가격하도록 한다.

경호무술 2
호위발차기법

경호무술

2. 옆차고 앉아 돌려차기

측면에 있는 상대를 선제 공격한 후 정면의 있는 상대의 하단약점을 공격하기에 유리한 발차기이다.

Explanation

우선 측면에 있는 상대의 정면몸통 부분을 가격한 다음 정면각도를 신속히 전환하며 상대방의 무릎하단 부분을 공격하도록 한다.

Start

3. 앞차고 앞차기

수직적으로 상대방을 선제 공격하는 발차기기술로서 예비동작없이 신속하게 발차기 할 수 있는 발차기 기술이다.

Explanation

상대방의 얼굴 명치부분을 목표로 정면으로 연속공격하는 발차기 기술로서 가장 빠르고 신속하게 공격하기에 유리한 발차기기술이라고 할 수 있다.

4. 발끝 찍고 앞차기

Start

상대방의 측면의 허점을 이용 얼굴이나 옆구리등을 가격하기에 매우 유용한 발차기로서 상대의 방어자세를 흐트려 정면의 허점을 유도 공격하기에 좋은 발차기다.

Explanation

상대의 측면얼굴 몸통을 노려 가격한 후 정면얼굴과 몸통을 가격한다. 아주 근접된 경우에는 하단 무릎관절 측면을 가격하는데에도 좋다.

5. 발끝 찍고 옆차 걷어 돌려차기

상대의 측면을 공격하여 방어자세를 흐트려 놓은 다음 정면의 허점을 노려 기습발차기를 하기에 좋은 발차기다.

Start

Explanation

우선 측면 얼굴 몸통 ·다리 등을 가격한 후 상대의 몸통 정면을 깊숙히 찬다.

6. 앞차고 점프 발끝 찍어차기

상대의 정면 허점을 선제 공격
하기에 매우 유용한 발차기다.

Explanation

상대의 얼굴 몸통을 가격한 후
점프도약 회전하여 상대 측면을
가격하는 발차기이다.

7. 안다리 돌려차고 점프 뒤돌아 돌려차기

Start

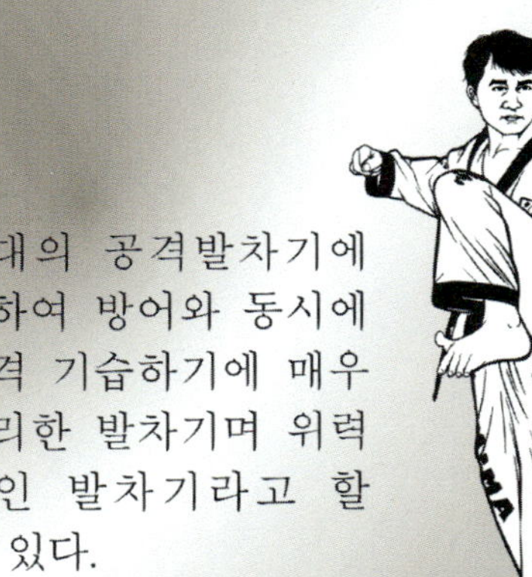

상대의 공격발차기에 대하여 방어와 동시에 공격 기습하기에 매우 유리한 발차기며 위력적인 발차기라고 할 수 있다.

8. 안다리 돌려차고 옆차기

상대방의 공격에 대하여 방어하는 동시에 수직으로 상대방의 몸통을 힘차게 가격하는 발차기로서 방어와 동시에 공격으로 변환하는 발차기라고 할 수 있다.

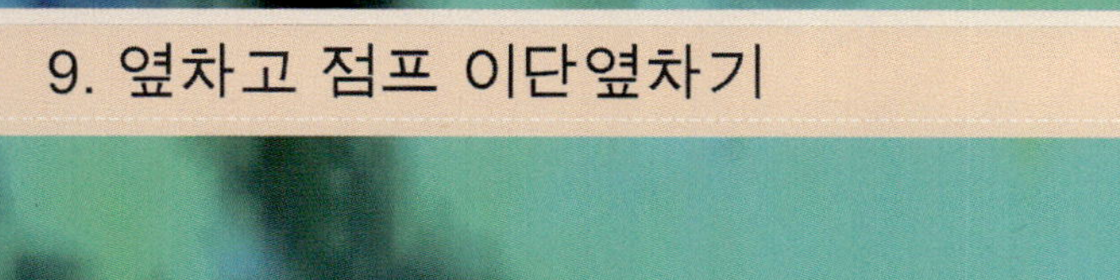 9. 옆차고 점프 이단옆차기

서로 다른 발향에 있는 상대방에 대하여 근접한 상대방의 선제공격에 대하여 역습하는 동시에 원거리에 있는 또다른 상대방을 점프이단 옆차기로 기습공격하는 기술로서 상대를 제압하는 매우 효과적인 기술이다.

경호무술2
호위발차기법

3. 이방 복식 발차기

이방 복식발차기의 의의

앞차고 뒤차거나 앞차고 옆차거나, 하는 식으로 서로 다른 방향으로 연속해서 발차기를 구사하는 것으로 경호환경에서 다수의 공격자들이 서로 다른 각도에서 동시 공격할 때 한 쪽의 발로 지면에 닿지 않고 연속해서 발차기를 구사하거나 경우에 따라 순간 지면에 짚은 다음 연속해 방향을 전환시켜 발차기를 구사하는 기술로서 상대의 동시공격 시에 유용하게 사용할 수 있다. 그리고 발을 좌우로 바꾸어 이방복식발차기를 구현 할 수도 있다.

이방 전측 복식 발차기 (측전 측후 후전 후측응용 및 하단발차기 응용)

1) 안다리 돌려차고 전환 안다리 돌려차기
2) 안다리 돌려차고 전환 바깥다리 돌려차기
3) 안다리 돌려차고 전환 발끝 찍어차기(중.상)
4) 안다리 돌려차고 전환 내외 발끝 찍어차기(중.상)
5) 안다리 돌려차고 전환 옆차기(중.상)
6) 안다리 돌려차고 전환 옆차걸어 돌려차기(중.상)
7) 안다리 돌려차고 전환 뒤꿈치 원 그려차기
8) 안다리 돌려차고 전환 앞차기(중.상)
9) 안다리 돌려차고 전환 족장 밀어차기(중.상)

10) 안다리 돌려차고 전환 뒤꿈치 대각 내려 찍어차기(중.상)
11) 안다리 돌려차고 뒤차기(중.상)
12) 안다리 돌려차고 뒤차 걸어 돌려차기(중.상)
13) 안다리 돌려차고 발등 반달 내려찍어차기
14) 안다리 돌려차고 전환 무릎 올려 차기
15) 바깥다리 돌려차고 안다리 돌려차기
16) 바깥다리 돌려차고 바깥다리 돌려차기
17) 바깥다리 돌려차고 발끝 찍어차기(중.상)
18) 바깥다리 돌려차고 내외 발끝 찍어차기(중.상)

19) 바깥다리 돌려차고 옆차기(중.상)
20) 바깥다리 돌려차고 옆차 걸어 돌려차기(중.상)
21) 바깥다리 돌려차고 뒤꿈치 원 그려차기
22) 바깥다리 돌려차고 앞차기(중.상)
23) 바깥다리 돌려차고 족장 밀어차기(중.상)
24) 바깥다리 돌려차고 뒤꿈치 대각 내려 찍어차기(중.상)
25) 바깥다리 돌려차고 발등 반달 내려찍어차기
26) 바깥다리 돌려차고 무릎 올려 차기

147

27) 발끝 찍어차고(중.상) 안다리 돌려차기

28) 발끝 찍어차고 바깥다리 돌려차기

29) 발끝 찍어차고 발끝 찍어차기(중.상)

30) 발끝 찍어차고 내외 발끝 찍어차기(중.상)

31) 발끝 찍어차고 옆차기(중.상)

32) 발끝 찍어차고 옆차 걸어 돌려차기(중.상)

33) 발끝 찍어차고 뒤꿈치 원 그려차기

34) 발끝 찍어차고 앞차기(중.상)

35) 발끝 찍어차고 족장 밀어차기(중.상)

36) 발끝 찍어차고 뒤꿈치 대각 내려 찍어차기(중.상)

37) 발끝 찍어차고 족장 밀어차기(중.상)

38) 발끝 찍어차고 앞발 옆차기(중.상)

39) 발끝 찍어차고 발등 반달 내려찍어차기

40) 발끝 찍어차고 무릎 올려 차기

41) 내외 발끝 찍어차고(중.상) 안다리 돌려차기

42) 내외 발끝 찍어차고(중.상) 바깥다리 돌려차기

43) 내외 발끝 찍어차고(중.상) 내외 발끝 찍어차기(중.상)

44) 내외 발끝 찍어차고(중.상) 발끝 찍어차기(중.상)

45) 내외 발끝 찍어차고(중.상) 내외 발끝 찍어차기(중.상)

46) 내외 발끝 찍어차고(중.상) 옆차기(중.상)

47) 내외 발끝 찍어차고(중.상) 옆차걸어 돌려차기(중.상)

48) 내외 발끝 찍어차고(중.상) 뒤꿈치 원 그려차기

49) 내외 발끝 찍어차고(중.상) 앞차기(중.상)

50) 내외 발끝 찍어차고(중.상) 족장 밀어차기(중.상)

51) 내외 발끝 찍어차고(중.상) 뒤꿈치 대각 내려 찍어차기(중.상)

52) 내외 발끝 찍어차고(중.상) 앞발 옆차기(중.상)

53) 내외 발끝 찍어차고(중.상) 앞발옆차 뒤꿈치 걸어 돌려차기(중.상)

54) 내외 발끝 찍어차고(중.상) 발등 반달 내려찍어차기

55) 내외 발끝 찍어차고(중.상) 무릎 올려 차기

56) 옆차고(중.상) 안다리 돌려차기

57) 옆차고(중.상) 바깥다리 돌려차기

58) 옆차고(중.상) 발끝 찍어차기(중.상)

59) 옆차고(중.상) 내외 발끝 찍어차기(중.상)

60) 옆차고(중.상) 옆차기(중.상)

61) 옆차고(중.상) 옆차 걸어 돌려차기(중.상)

62) 옆차고(중.상) 뒤꿈치 원 그려차기

63) 옆차고(중.상) 앞차기(중.상)

64) 옆차고(중.상) 뒤꿈치 대각 내려 찍어차기(중.상)

65) 옆차고(중.상) 발등 반달 내려찍어차기

66) 옆차고(중.상) 뒤차기

67) 옆차고(중.상) 무릎 올려차기

68) 옆차고(중.상) 족장 밀어차기

69) 족장 밀어차고(중.상) 안다리 돌려차기

70) 족장 밀어차고(중.상) 바깥다리 돌려차기

71) 족장 밀어차고(중.상) 발끝 찍어차기(중.상)

72) 족장 밀어차고(중.상) 내외 발끝 찍어차기(중.상)

73) 족장 밀어차고(중.상) 옆차기(중.상)

74) 족장 밀어차고(중.상) 옆차 걸어 돌려차기(중.상)

75) 족장 밀어차고(중.상) 뒤꿈치 원 그려차기

76) 족장 밀어차고(중.상) 앞차기(중.상)

77) 족장 밀어차고(중.상) 뒤차기

78) 족장 밀어차고(중.상) 족장 밀어차기(중.상)

79) 족장 밀어차고(중.상) 뒤꿈치 대각 내려 찍어차기(중.상)

80) 족장 밀어차고(중.상) 발등 반달 내려찍어차기

81) 족장 밀어차고(중.상) 무릎 올려 차기

82) 뒤꿈치 대각 내려 찍어차고(중.상) 안다리 돌려차기

83) 뒤꿈치 대각 내려 찍어차고(중.상) 바깥다리 돌려차기

84) 뒤꿈치 대각 내려 찍어차고(중.상) 내외 발끝 찍어차기(중.상)

85) 뒤꿈치 대각 내려 찍어차고(중.상) 옆차기(중.상)

86) 뒤꿈치 대각 내려 찍어차고(중.상) 옆차걸어 돌려차기(중.상)

87) 뒤꿈치 대각 내려 찍어차고(중.상) 뒤꿈치 원 그려차기

88) 뒤꿈치 대각 내려 찍어차고(중.상) 앞차기(중.상)

89) 뒤꿈치 대각 내려 찍어차고(중.상) 족장 밀어차기(중.상)

90) 뒤꿈치 대각 내려 찍어차고(중.상) 뒤꿈치 대각 내려 찍어차기(중.상)

91) 뒤꿈치 대각 내려 찍어차고(중.상) 발등 반달 내려찍어차기

92) 뒤꿈치 대각 내려 찍어차고(중.상) 무릎 올려 차기

93) 뒤차고(중.상) 안다리 돌려차기

94) 뒤차고(중.상) 뒤돌아 바깥다리 돌려차기

95) 뒤차고(중.상) 발끝 찍어차기(중.상)

96) 뒤차고(중.상) 내외 발끝 찍어차기(중.상)

97) 뒤차고(중.상) 옆차기(중.상)

98) 뒤차고(중.상) 옆차걸어 돌려차기(중.상)

99) 뒤차고(중.상) 뒤꿈치 원 그려차기

100) 뒤차고(중.상) 앞차기(중.상)

101) 뒤차고(중.상) 족장 밀어차기(중.상)

102) 뒤차고(중.상) 뒤꿈치 대각 내려 찍어차기(중.상)

103) 뒤차고(중.상) 발등 반달 내려찍어차기

104) 뒤차고(중.상) 무릎 올려 차기

105) 뒤차 걸어 돌려차고(중.상) 안다리 돌려차기

106) 뒤차 걸어 돌려차고(중.상) 뒤돌아 바깥다리 돌려차기

107) 뒤차 걸어 돌려차고(중.상) 발끝 찍어차기(중.상)

108) 뒤차 걸어 돌려차고(중.상) 내외 발끝 찍어차기(중.상)

109) 뒤차 걸어 돌려차고(중.상) 옆차기(중.상)

110) 뒤차 걸어 돌려차고(중.상) 옆차걸어 돌려차기(중.상)

111) 뒤차 걸어 돌려차고(중.상) 뒤꿈치 원 그려차기

112) 뒤차 걸어 돌려차고(중.상) 앞차기(중.상)

113) 뒤차 걸어 돌려차고(중.상) 족장 밀어차기(중.상)

114) 뒤차 걸어 돌려차고(중.상) 뒤꿈치 대각 내려 찍어차기

115) 뒤차 걸어 돌려차고(중.상) 뒤차기(중.상)

116) 뒤차 걸어 돌려차고(중.상) 뒤차 걸어 돌려차기(중.상)

117) 뒤차 걸어 돌려차고(중.상) 발등 반달 내려찍어차기

118) 뒤차 걸어 돌려차고(중.상) 무릎 올려 차기

119) 발등 반달 내려찍어차고 안다리 돌려차기

120) 발등 반달 내려찍어차고 바깥다리 돌려차기

121) 발등 반달 내려찍어차고 발끝 찍어차기(중.상)

122) 발등 반달 내려찍어차고 내외 발끝 찍어차기(중.상)

123) 발등 반달 내려찍어차고 옆차기(중.상)

124) 발등 반달 내려찍어차고 옆차 걸어 돌려차기(중.상)

125) 발등 반달 내려찍어차고 뒤꿈치 원 그려차기

126) 발등 반달 내려찍어차고 앞차기(중.상)

127) 발등 반달 내려찍어차고 족장 밀어차기(중.상)

128) 발등 반달 내려찍어차고 뒤꿈치 대각 내려 찍어차기(중.상)

129) 발등 반달 내려찍어차고 발등 반달 내려찍어차

130) 발등 반달 내려찍어차고 무릎 올려 차기

131) 무릎 올려 차고 안다리 돌려차기

132) 무릎 올려 차고 뒤돌아 바깥다리 돌려차기

133) 무릎 올려 차고 발끝 찍어차기(중.상)

134) 무릎 올려 차고 내외 발끝 찍어차기(중.상)

135) 무릎 올려 차고 옆차기(중.상)

136) 무릎 올려 차고 옆차 걸어 돌려차기(중.상)

137) 무릎 올려 차고 뒤꿈치 원 그려차기

138) 무릎 올려 차고 앞차기(중.상)

139) 무릎 올려 차고 족장 밀어차기(중.상)

140) 무릎 올려 차고 뒤꿈치 대각 내려 찍어차기(중.상)

141) 무릎 올려 차고 발등 반달 내려찍어차기

142) 무릎 올려차고 무릎 올려 차기

143) 앉아 돌려차고 발끝 찍어차기(하.중.상)

144) 앉아 돌려차고 내외 발끝 찍어차기(하.중.상)

145) 앉아 돌려차고 옆차기(하.중.상)

146) 앉아 돌려차고 옆차 걸어 돌려차기(하.중.상)

147) 앉아 돌려차고 뒤꿈치 원 그려차기

148) 앉아 돌려차고 앞차기(중.상)

149) 앉아 돌려차고 족장 밀어차기(하.중.상)

150) 앉아 돌려차고 뒤꿈치 대각 내려 찍어차기(하.중.상)

151) 앉아 돌려차고 발등 반달 내려찍어차기

152) 앉아 돌려차고 무릎 올려 차기

153) 서서 돌려차고 안다리 돌려차기

154) 서서 돌려차고 뒤돌아 바깥다리 돌려차기

155) 서서 돌려차고 발끝 찍어차기(중.상)

156) 서서 돌려차고 내외 발끝 찍어차기(중.상)

157) 서서 돌려차고 옆차기(중.상)

158) 서서 돌려차고 옆차걸어 돌려차기

159) 서서 돌려차고 뒤꿈치 원 그려차기

160) 서서 돌려차고 앞차기(중.상)

161) 서서 돌려차고 족장 밀어차기("중.상)

162) 서서 돌려차고 뒤꿈치 대각 내려 찍어차기(중.상)

163) 서서 돌려차고 발등 반달 내려찍어차기

164) 서서 돌려차고 무릎 올려 차기

165) 서서 돌려차고 앉아 돌려차기

166) 서서 돌려차고 서서 돌려차기

(3-1) 이방 전측 복식발차기 설명(예)　　　ＥＸＡＭＰＬＥ

1. 발끝 찍어차고 앞차기

2. 내서외로 발끝어차찍고 앞차기

Start

3. 뒤꿈치 대각 내려 찍어차고 앞차기

4. 앞차고 옆차기

5. 하단 족기지르고 옆차기

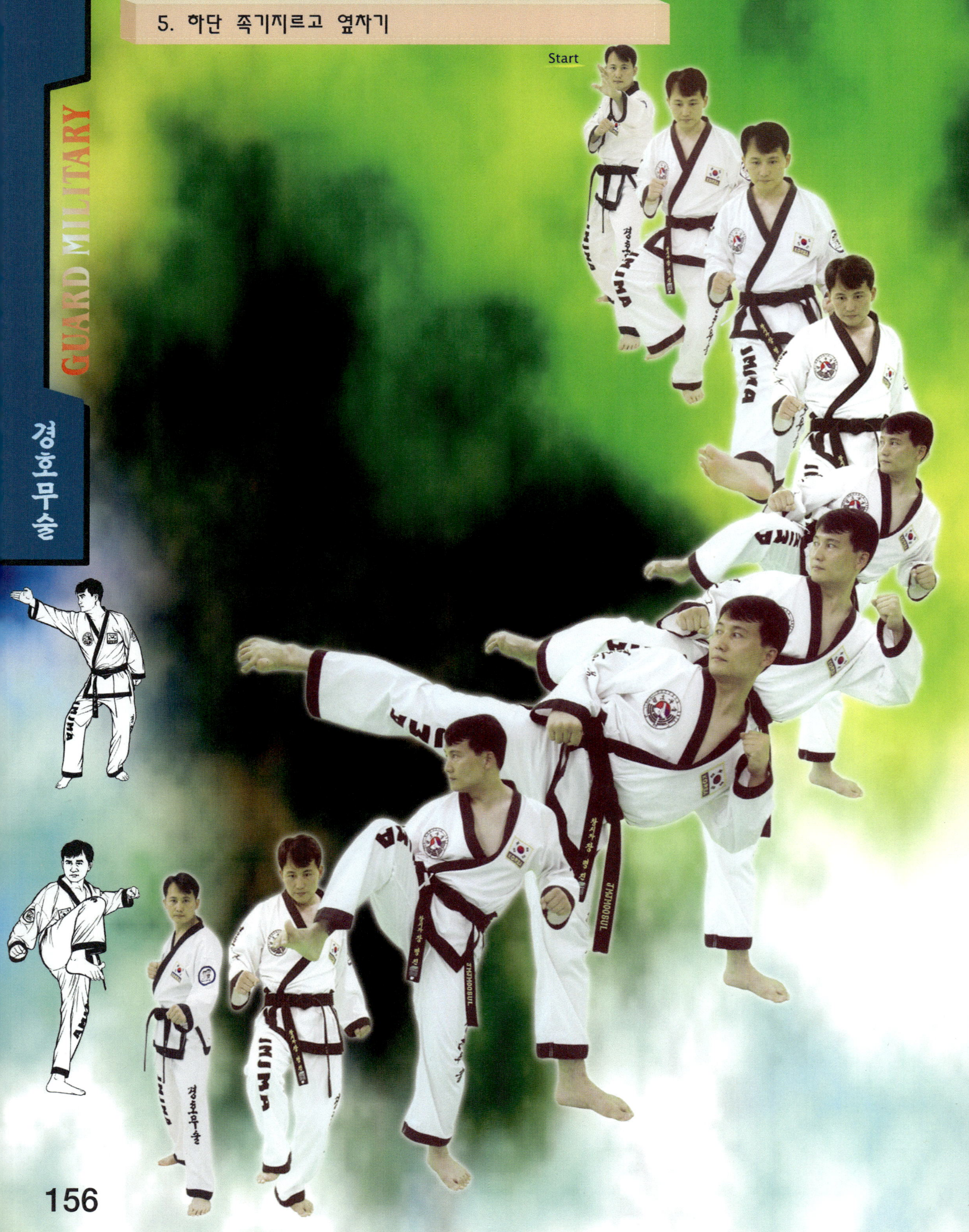

(3-2)이방 전후 복식 발차기 (측전·측후·후전·후측응용 및 하단발차기 응용)

1) 안다리 돌려차고 뒤돌아 안다리 돌려차기
2) 안다리 돌려차고 뒤돌아 바깥다리 돌려차기
3) 안다리 돌려차고 뒤돌아 발끝 찍어차기(중.상)
4) 안다리 돌려차고 뒤돌아 내외 발끝 찍어차기(중.상)
5) 안다리 돌려차고 뒤돌아 옆차기(중.상)
6) 안다리 돌려차고 뒤돌아 옆차걸어 돌려차기(중.상)
7) 안다리 돌려차고 뒤돌아 뒤꿈치 원 그려차기
8) 안다리 돌려차고 뒤돌아 앞차기(중.상)
9) 안다리 돌려차고 뒤돌아 족장 밀어차기(중.상)
10) 안다리 돌려차고 뒤돌아 뒤꿈치 대각 내려 찍어차기(중.상)
11) 안다리 돌려차고 뒤차기(중.상)
12) 안다리 돌려차고 뒤차 걸어 돌려차기(중.상)
13) 안다리 돌려차고 뒤돌아 발등 반달 내려찍어차기
14) 안다리 돌려차고 뒤돌아 무릎 올려 차기
15) 안다리 돌려차고 앉아 돌려차기
16) 바깥다리 돌려차고 바깥다리 돌려차기
17) 바깥다리 돌려차고 발끝 찍어차기(중.상)
18) 바깥다리 돌려차고 내외 발끝 찍어차기(중.상)
19) 바깥다리 돌려차고 옆차기(중.상)
20) 바깥다리 돌려차고 옆차걸어 돌려차기(중.상)
21) 바깥다리 돌려차고 뒤꿈치 원그려 돌려차기
22) 바깥다리 돌려차고 앞차기(중.상)
23) 바깥다리 돌려차고 족장 밀어차기(중.상)
24) 바깥다리 돌려차고 뒤꿈치 대각 내려 찍어차기(중.상)
25) 바깥다리 돌려차고 뒤차기(중.상)
26) 바깥다리 돌려차고 뒤차 걸어 돌려차기(중.상)
27) 바깥다리 돌려차고 발등 반달 내려찍어차기
28) 바깥다리 돌려차고 무릎 올려 차기
29) 발끝 찍어차고(중.상) 뒤돌아 안다리 돌려차기
30) 발끝 찍어차고 바깥다리 돌려차기
31) 발끝 찍어차고 뒤돌아 발끝 찍어차기(중.상)
32) 발끝 찍어차고 내외 발끝 찍어차기(중.상)
33) 발끝 찍어차기 옆차기(중.상)
34) 발끝 찍어차고 옆차걸어 돌려차기(중.상)

35) 발끝 찍어차고 뒤꿈치 원그려 돌려차기

36) 발끝 찍어차고 앞차기(중.상)

37) 발끝 찍어차고 족장 밀어차기(중.상)

38) 발끝 찍어차고 뒤꿈치 대각 내려 찍어차기(중.상)

39) 발끝 찍어차고 뒤차기(중.상)

40) 발끝 찍어차고 뒤차 걸어 돌려차기(중.상)

41) 발끝 찍어차고 발등 반달 내려찍어차기

42) 발끝 찍어차고 무릎 올려 차기

43) 내외 발끝 찍어차고(중.상) 바깥다리 돌려차기

44) 내외 발끝 찍어차고(중.상) 내외 발끝 찍어차기(중.상)

45) 내외 발끝 찍어차고(중.상) 발끝 찍어차기(중.상)

46) 내외 발끝 찍어차고(중.상) 뒤꿈치 원그려 돌려차기

47) 내외 발끝 찍어차고(중.상) 앞차기(중.상)

48) 내외 발끝 찍어차고(중.상) 족장 밀어차기(중.상)

49) 내외 발끝 찍어차고(중.상) 뒤꿈치 대각 내려 찍어차기(중.상)

50) 내외 발끝 찍어차고(중.상) 뒤차기(중.상)

51) 내외 발끝 찍어차고(중.상) 뒤차 걸어 돌려차기(중.상)

52) 내외 발끝 찍어차고(중.상) 발등 반달 내려찍어차기

53) 내외 발끝 찍어차고(중.상) 무릎 올려 차기

54) 내외 발끝 찍어차고(중.상) 앉아 돌려차기

55) 옆차고(중.상) 뒤돌아 안다리 돌려차기

56) 옆차고(중.상) 뒤돌아 바깥다리 돌려차기

57) 옆차고(중.상) 뒤돌아 발끝 찍어차기(중.상)

58) 옆차고(중.상) 뒤돌아 내외 발끝 찍어차기(중.상)

59) 옆차고(중.상) 뒤돌아 옆차기(중.상)

60) 옆차고(중.상) 뒤돌아 옆차걸어 돌려차기(중.상)

61) 옆차고(중.상) 뒤돌아 뒤꿈치 원그려 돌려차기

62) 옆차고(중.상) 뒤돌아 앞차기(중.상)

63) 옆차고(중.상) 앞차기(중.상)

64) 옆차고(중.상) 뒤돌아 족장 밀어차기(중.상)

65) 옆차고(중.상) 족장 밀어차기(중.상)

66) 옆차고(중.상) 뒤돌아 뒤꿈치 대각 내려 찍어차기(중.상)

67) 옆차고(중.상) 뒤꿈치 대각 내려 찍어차기(중.상)

68) 옆차고(중.상) 뒤차기(중.상)

69) 옆차고(중.상) 뒤차 걸어 돌려차기(중.상)

70) 옆차고(중.상) 발등 반달 내려찍어차기

71) 옆차고(중.상) 뒤돌아 무릎 올려차기

72) 옆차고(중.상) 무릎 올려 차기

73) 옆차고(중.상) 앉아 돌려차기

74) 앞발 옆차고(중.상) 뒤돌아 안다리 돌려차기

75) 앞발 옆차고(중.상) 뒤돌아 바깥다리 돌려차기

76) 앞발 옆차고(중.상) 뒤돌아 발끝 찍어차기(중.상)

77) 앞발 옆차고(중.상) 뒤돌아 내외 발끝 찍어차기(중.상)

78) 앞발 옆차고(중.상) 뒤꿈치 원그려 돌려차기

79) 앞발 옆차고(중.상) 뒤돌아 앞차기(중.상)

80) 앞발 옆차고(중.상) 앞차기(중.상)

81) 앞발 옆차고(중.상) 뒤돌아 족장 밀어차기(중.상)

82) 앞발 옆차고(중.상) 뒤돌아 뒤꿈치 대각 내려 찍어차기(중.상)

83) 앞발 옆차고(중.상) 뒤차기(중.상)

84) 앞발 옆차고(중.상) 뒤차 걸어 돌려차기(중.상)

85) 앞발 옆차고(중.상) 뒤돌아 발등 반달 내려찍어차기

86) 앞발 옆차고(중.상) 뒤돌아 무릎 올려 차기

87) 앞발 옆차고(중.상) 무릎 올려 차기

88) 앞발 옆차걸어 돌려차고(중.상) 뒤돌아 안다리 돌려차기

89) 앞발 옆차걸어 돌려차고(중.상) 바깥다리 돌려차기

90) 앞발 옆차걸어 돌려차고(중.상) 발끝 찍어차기(중.상)

91) 앞발 옆차걸어 돌려차고(중.상) 내외 발끝 찍어차기(중.상)

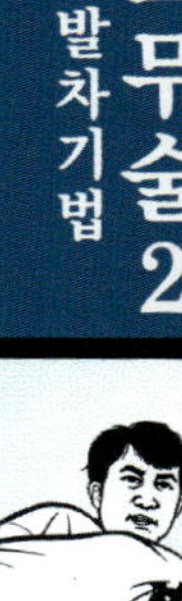

92) 앞발 옆차걸어 돌려차고(중.상) 뒤꿈치 원그려 돌려차기

93) 앞발 옆차걸어 돌려차고(중.상) 앞차기(중.상)

94) 앞발 옆차걸어 돌려차고(중.상) 족장 밀어차기(중.상)

95) 앞발 옆차걸어 돌려차고(중.상) 뒤꿈치 대각 내려 찍어차기(중.상)

96) 앞발 옆차걸어 돌려차고(중.상) 뒤차기(중.상)

97) 앞발 옆차 걸어 돌려차고(중.상) 뒤차 걸어 돌려차기(중.상)

98) 앞발 옆차 걸어 돌려차고(중.상) 발등 반달 내려찍어차기

99) 앞발 옆차 걸어 돌려차고(중.상) 무릎 올려 차기

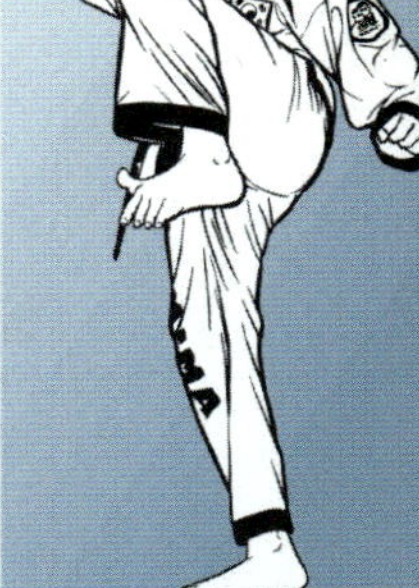

100) 앞발 옆차 걸어 돌려차고(중.상) 앉아 돌려차기

101) 앞차고(중.상) 뒤돌아 안다리 돌려차기

102) 앞차고(중.상) 뒤돌아 바깥다리 돌려차기

103) 앞차고(중.상) 뒤돌아 발끝 찍어차기(중.상)

104) 앞차고(중.상) 발끝 찍어차기(중.상)

105) 앞차고(중.상) 뒤돌아 내외 발끝 찍어차기(중.상)

106) 앞차고(중.상) 내외 발끝 찍어차기(중.상)

107) 앞차고 (중.상) 뒤돌아 옆차기 (중.상)

108) 앞차고 (중.상) 뒤돌아 옆차걸어 돌려차기 (중.상)

109) 앞차고 (중.상) 뒤꿈치 원 그려차기

110) 앞차고 (중.상) 앞차기 (중.상)

111) 앞차고 (중.상) 족장 밀어차기 (중.상)

112) 앞차고 (중.상) 뒤꿈치 대각 내려 찍어차기 (중.상)

113) 앞차고 (중.상) 뒤차기 (중.상)

114) 앞차고 (중.상) 뒤차 걸어 돌려차기

115) 앞차고 (중.상) 뒤돌아 발등 반달 내려찍어차기

116) 앞차고 (중.상) 발등 반달 내려찍어차기

117) 앞차고 (중.상) 뒤돌아 무릎 올려 차기

118) 앞차고 (중.상) 무릎 올려 차기

119) 앞차고 (중.상) 앉아 돌려차기

120) 족장 밀어차고 (중.상) 뒤돌아 안다리 돌려차기

121) 족장 밀어차고 (중.상) 뒤돌아 바깥다리 돌려차기

122) 족장 밀어차고 (중.상) 바깥다리 돌려차기

123) 족장 밀어차고 (중.상) 뒤돌아 발끝 찍어차기 (중.상)

124) 족장 밀어차고 (중.상) 발끝 찍어차기 (중.상)

125) 족장 밀어차고 (중.상) 뒤돌아 내외 발끝 찍어차기 (중.상)

126) 족장 밀어차고 (중.상) 내외 발끝 찍어차기 (중.상)

127) 족장 밀어차고 (중.상) 뒤돌아 옆차기 (중.상)

128) 족장 밀어차고 (중.상) 뒤돌아 옆차걸어 돌려차기 (중.상)

129) 족장 밀어차고 (중.상) 뒤꿈치 원 그려차기

130) 족장 밀어차고 (중.상) 앞차기 (중.상)

131) 족장 밀어차고 (중.상) 족장 밀어차기 (중.상)

132) 족장 밀어차고 (중.상) 뒤꿈치 대각 내려 찍어차기 (중.상)

133) 족장 밀어차고 (중.상) 뒤차기 (중.상)

134) 족장 밀어차고 (중.상) 뒤차 걸어 돌려차기 (중.상)

135) 족장 밀어차고 (중.상) 뒤돌아 발등 반달 내려찍어차기

136) 족장 밀어차고 (중.상) 발등 반달 내려찍어차기

137) 족장 밀어차고 (중.상) 뒤돌아 무릎 올려 차기

138) 족장 밀어차고 (중.상) 무릎 올려 차기

139) 족장 밀어차고 (중.상) 앉아 돌려차기

140) 뒤꿈치 대각 내려 찍어차고 (중.상) 뒤돌아 안다리 돌려차기

141) 뒤꿈치 대각 내려 찍어차고 (중.상) 뒤돌아 바깥다리 돌려차기

142) 뒤꿈치 대각 내려 찍어차고 (중.상) 뒤돌아 발끝 찍어차기 (중.상)

143) 뒤꿈치 대각 내려 찍어차고(중.상) 뒤돌아 내외 발끝 찍어차기(중.상)

144) 뒤꿈치 대각 내려 찍어차고(중.상) 뒤돌아 옆차기(중.상)

145) 뒤꿈치 대각 내려 찍어차고(중.상) 뒤돌아 옆차걸어 돌려차기(중.상)

146) 뒤꿈치 대각 내려 찍어차고(중.상) 뒤꿈치 원 그려차기

147) 뒤꿈치 대각 내려 찍어차고(중.상) 뒤돌아 앞차기(중.상)

148) 뒤꿈치 대각 내려 찍어차고(중.상) 앞차기(중.상)

149) 뒤꿈치 대각 내려 찍어차고(중.상) 뒤돌아 족장 밀어차기(중.상)

150) 뒤꿈치 대각 내려 찍어차고(중.상) 족장 밀어차기(중.상)

151) 뒤꿈치 대각 내려 찍어차고(중.상) 뒤돌아 뒤꿈치 대각 내려 찍어차기(중.상)

152) 뒤꿈치 대각 내려 찍어차고(중.상) 뒤꿈치 대각 내려 찍어차기(중.상)

153) 뒤꿈치 대각 내려 찍어차고(중.상) 뒤차기

154) 뒤꿈치 대각 내려 찍어차고(중.상) 뒤차 걸어 돌려차기(중.상)

155) 뒤꿈치 대각 내려 찍어차고(중.상) 뒤돌아 발등 반달 내려찍어차기

156) 뒤꿈치 대각 내려 찍어차고(중.상) 발등 반달 내려찍어차기

157) 뒤꿈치 대각 내려 찍어차고(중.상) 뒤돌아 무릎 올려 차기

158) 뒤꿈치 대각 내려 찍어차고(중.상) 무릎 올려 차기

159) 뒤꿈치 대각 내려 찍어차고(중.상) 앉아 돌려차기

160) 뒤차고(중.상) 안다리 돌려차기

161) 뒤차고(중.상) 바깥다리 돌려차기

162) 뒤차고(중.상) 발끝 찍어차기(중.상)

163) 뒤차고(중.상) 내외 발끝 찍어차기(중.상)

164) 뒤차고(중.상) 옆차기(중.상)

165) 뒤차고(중.상) 옆차걸어 돌려차기(중.상)

166) 뒤차고(중.상) 뒤꿈치 원 그려차기

167) 뒤차고(중.상) 앞차기(중.상)

168) 뒤차고(중.상) 족장 밀어차기(중.상)

169) 뒤차고(중.상) 뒤꿈치 대각 내려 찍어차기(중.상)

170) 뒤차고(중.상) 뒤차기(중.상)

171) 뒤차고(중.상) 뒤차 걸어 돌려차기(중.상)

172) 뒤차고(중.상) 발등 반달 내려찍어차기

173) 뒤차고(중.상) 무릎 올려 차기

174) 뒤차고(중.상) 앉아 돌려차기

175) 뒤차고(중.상) 서서 돌려차기

176) 뒤차 걸어 돌려차고(중.상) 안다리 돌려차기

177) 뒤차 걸어 돌려차고(중.상) 뒤돌아 바깥다리 돌려차기

178) 뒤차 걸어 돌려차고(중.상) 발끝 찍어차기(중.상)

179) 뒤차 걷어 돌려차고(중.상) 내외 발끝 찍어차기(중.상)

180) 뒤차 걷어 돌려차고(중.상) 옆차기(중.상)

181) 뒤차 걷어 돌려차고(중.상) 옆차 걷어 돌려차기(중.상)

182) 뒤차 걷어 돌려차고(중.상) 뒤꿈치 원 그려차기

183) 뒤차 걷어 돌려차고(중.상) 앞차기(중.상)

184) 뒤차 걷어 돌려차고(중.상) 족장 밀어차기(중.상)

185) 뒤차 걷어 돌려차고(중.상) 뒤꿈치 대각 내려 찍어차기(중.상)

186) 뒤차 걷어 돌려차고(중.상) 뒤차기(중.상)

187) 뒤차 걷어 돌려차고(중.ㅣ상) 뒤차 걷어 돌려차기(중.상)

188) 뒤차 걷어 돌려차고(중.상) 발등 반달 내려찍어차기

189) 뒤차 걷어 돌려차고(중.상) 무릎 올려 차기

190) 뒤차 걷어 돌려차고(중.상) 앉아 돌려차기

191) 뒤차 걷어 돌려차고(중.상) 서서 돌려차기

192) 발등 반달 내려찍어차고 뒤돌아 안다리 돌려차기

193) 발등 반달 내려찍어차고 뒤돌아 바깥다리 돌려차기

194) 발등 반달 내려찍어차고 뒤돌아 발끝 찍어차기(중.상)

195) 발등 반달 내려찍어차고 뒤돌아 내외 발끝 찍어차기(중.상)

196) 발등 반달 내려찍어차고 뒤돌아 옆차기(중.상)

197) 발등 반달 내려찍어차고 뒤돌아 옆차걷어 돌려차기(중.상)

198) 발등 반달 내려찍어차고 뒤돌아 뒤꿈치 원 그려차기

199) 발등 반달 내려찍어차고 뒤돌아 앞차기(중.상)

200) 발등 반달 내려찍어차고 뒤돌아 족장 밀어차기(중.상)

201) 발등 반달 내려찍어차고 뒤돌아 뒤꿈치 대각 내려 찍어차기(중.상)

202) 발등 반달 내려찍어차고 뒤돌아 발등 반달 내려찍어차기

203) 발등 반달 내려찍어차고 뒤돌아 무릎 올려 차기

204) 무릎 올려 차고 뒤돌아 안다리 돌려차기

205) 무릎 올려 차고 뒤돌아 바깥다리 돌려차기

206) 무릎 올려 차고 바깥다리 돌려차기

207) 무릎 올려 차고 뒤돌아 발끝 찍어차기(중.상)

208) 무릎 올려 차고 내외 발끝 찍어차기(중.상)

209) 무릎 올려 차고 뒤돌아 내외 발끝 찍어차기(중.상)

210) 무릎 올려 차고 뒤돌아 옆차기(중.상)

211) 무릎 올려 차고 옆차기(중.상)

212) 무릎 올려 차고 뒤돌아 옆차 걷어 돌려차기(중.상)

213) 무릎 올려 차고 옆차 걷어 돌려차기(중.상)

214) 무릎 올려 차고 뒤꿈치 원 그려차기

215) 무릎 올려 차고 뒤돌아 앞차기(중.상)

216) 무릎 올려 차고 앞차기(중.상)

217) 무릎 올려 차고 뒤돌아 족장 밀어차기(중.상)

218) 무릎 올려 차고 족장 밀어차기(중.상)

219) 무릎 올려 차고 뒤돌아 뒤꿈치 대각 내려 찍어차기(중.상)

220) 무릎 올려 차고 뒤꿈치 대각 내려 찍어차기(중.상)

221) 무릎 올려 차고 뒤차기(중.상)

222) 무릎 올려 차고 뒤차 걸어 돌려차기(중.상)

223) 무릎 올려 차고 뒤돌아 발등 반달 내려찍어차기

224) 무릎 올려 차고 반달 발 올려들어 발등 내려차기

225) 무릎 올려 차고 뒤돌아 무릎 올려 차기

226) 무릎 올려 차고 무릎 올려 차기

227) 무릎 올려 차고 앉아 돌려 차기

228) 앉아 돌려차고 바깥다리 돌려차기

229) 앉아 돌려차고 발끝 찍어차기(중.상)

230) 앉아 돌려차고 내외 발끝 찍어차기(중.상)

231) 앉아 돌려차고 뒤꿈치 원 그려차기

232) 앉아 돌려차고 앞차기(중.상)

233) 앉아 돌려차고 족장 밀어차기(중.상)

234) 앉아 돌려차고 뒤꿈치 대각 내려 찍어차기(중.상)

235) 앉아 돌려차고 뒤차기(중.상)

236) 앉아 돌려차고 뒤차 걸어 돌려차기(중.상)

237) 앉아 돌려차고 발등 반달 내려찍어차기

238) 앉아 돌려차고 무릎 올려 차기

239) 서서 돌려차고 안다리 돌려차기

240) 서서 돌려차고 바깥다리 돌려차기

241) 서서 돌려차고 발끝 찍어차기(중.상)

242) 서서 돌려차고 내외 발끝 찍어차기(중.상)

243) 서서 돌려차고 뒤꿈치 원 그려차기

244) 서서 돌려차고 앞차기(중.상)

245) 서서 돌려차고 족장 밀어차기(중.상)

246) 서서 돌려차고 뒤꿈치 대각 내려 찍어차기(중.상)

247) 서서 돌려차고 뒤차기(중.상)

248) 서서 돌려차고 뒤차 걸어 돌려차기(중.상)

249) 서서 돌려차고 발등 반달 내려찍어차기

250) 서서 돌려차고 무릎 올려 차기

1. 발끝찍어차고 앞차기

Start

2. 내서외로 발끝찍어차고 앞차기

Start

3. 뒤꿈치 대각 내려찍어차고 앞차기

Start

(3-3) 이방 전측 좌·우 복식 발차기 (측전·측후·후전·후측응용 및 하단발차기 응용)

1) 안다리 돌려차고 안다리 돌려차기
2) 안다리 돌려차고 바깥다리 돌려차기
3) 안다리 돌려차고 발끝 찍어차기(중.상)
4) 안다리 돌려차고 내외 발끝 찍어차기(중.상)
5) 안다리 돌려차고 옆차기(중.상)
6) 안다리 돌려차고 옆차걸어 돌려차기(중.상)
7) 안다리 돌려차고 뒤꿈치 원 그려차기
8) 안다리 돌려차고 앞차기(중.상)
9) 안다리 돌려차고 족장 밀어차기(중.상)
10) 안다리 돌려차고 뒤꿈치 대각 내려 찍어차기(중.상)
11) 안다리 돌려차고 뒤차기(중.상)
12) 안다리 돌려차고 뒤차 걸어 돌려차기(중.상)
13) 안다리 돌려차고 발등 반달 내려찍어차기
14) 안다리 돌려차고 무릎 올려 차기
15) 바깥다리 돌려차고 안다리 돌려차기
16) 바깥다리 돌려차고 바깥다리 돌려차기
17) 바깥다리 돌려차고 발끝 찍어차기(중.상)
18) 바깥다리 돌려차고 내외 발끝 찍어차기(중.상)
19) 바깥다리 돌려차고 옆차기(중.상)
20) 바깥다리 돌려차고 옆차 걸어 돌려차기(중.상)
21) 바깥다리 돌려차고 뒤꿈치 원 그려차기
22) 바깥다리 돌려차고 앞차기(중.상)
23) 바깥다리 돌려차고 족장 밀어차기(중.상)
24) 바깥다리 돌려차고 뒤꿈치 대각 내려 찍어차기(중.상)
25) 바깥다리 돌려차고 발등 반달 내려찍어차기
26) 바깥다리 돌려차고 무릎 올려 차기

27) 발끝 찍어차고(중.상) 안다리 돌려차기
28) 발끝 찍어차고 바깥다리 돌려차기
29) 발끝 찍어차고 발끝 찍어차기(중.상)
30) 발끝 찍어차고 내외 발끝 찍어차기(중.상)
31) 발끝 찍어차고 옆차기(중.상)
32) 발끝 찍어차고 옆차 걸어 돌려차기(중.상)
33) 발끝 찍어차고 뒤꿈치 원 그려차기
34) 발끝 찍어차고 앞차기(중.상)

35) 발끝 찍어차고 족장 밀어차기(중.상)

36) 발끝 찍어차고 뒤꿈치 대각 내려찍어차기(중.상)

37) 발끝 찍어차고 발등 반달 내려찍어차기

38) 발끝 찍어차고 무릎 올려 차기

39) 내외 발끝 찍어차고(중.상) 안다리 돌려차기

40) 내외 발끝 찍어차고(중.상) 바깥다리 돌려차기

41) 내외 발끝 찍어차고(중.상) 발끝 찍어차기(중.상)

42) 내외 발끝 찍어차고(중.상) 내외 발끝 찍어차기(중.상)

43) 내외 발끝 찍어차고(중.상) 옆차기(중.상)

44) 내외 발끝 찍어차고(중.상) 옆차걸어 돌려차기(중.상)

45) 내외 발끝 찍어차고(중.상) 뒤꿈치 원 그려차기

46) 내외 발끝 찍어차기(중.상) 앞차기(중.상)

47) 내외 발끝 찍어차기(중.상) 족장 밀어차기(중.상)

48) 내외 발끝 찍어차기(중.상) 뒤꿈치 대각 내려 찍어차기(중.상)

49) 내외 발끝 찍어차고(중.상) 발등 반달 내려찍어차기

50) 내외 발끝 찍어차고(중.상) 무릎 올려 차기

51) 옆차고(중.상) 안다리 돌려차기

52) 옆차고(중.상) 바깥다리 돌려차기

53) 옆차고(중.상) 발끝 찍어차기(중.상)

54) 옆차고(중.상) 내외 발끝 찍어차기(중.상)

55) 옆차고(중.상) 옆차기(중.상)

56) 옆차고(중.상) 옆차고 걸어 돌려차기(중.상)

57) 옆차고(중.상) 뒤꿈치 원 그려차기

58) 옆차고(중.상) 앞차기(중.상)

59) 옆차고(중.상) 족장 밀어차기(중.상)

60) 옆차고(중.상) 뒤꿈치 대각 내려 찍어차기(중.상)

61) 옆차고(중.상) 발등 반달 내려찍어차기

62) 옆차고(중.상) 무릎 올려 차기

63) 앞발 옆차고(중.상) 안다리 돌려차기

64) 앞발 옆차고(중.상) 바깥다리 돌려차기

65) 앞발 옆차고(중.상) 발끝 찍어차기(중.상)

66) 앞발 옆차고(중.상) 내외 발끝 찍어차기(중.상)

67) 앞발 옆차고(중.상) 옆차기(중.상)

68) 앞발 옆차고(중.상) 옆차걸어 돌려차기(중.상)

69) 앞발 옆차고(중.상) 뒤꿈치 원 그려차기

70) 앞발 옆차고(중.상) 앞차기(중.상)

71) 앞발 옆차고(중.상) 족장 밀어차기(중.상)

72) 앞발 옆차고(중.상) 뒤꿈치 대각 내려 찍어차기(중.상)

73) 앞발 옆차고(중.상) 뒤차기(중.상)

74) 앞발 옆차고(중.상) 뒤차걸어 돌려차기(중.상)

75) 앞발 옆차고(중.상) 발등 반달 내려찍어차기

76) 앞발 옆차고(중.상) 무릎 올려 차기

77) 앞발 옆차걸어 돌려차고(중.상) 안다리 돌려차기

77) 앞발 옆차걸어 돌려차고(중.상) 바깥다리 돌려차기

78) 앞발 옆차걸어 돌려차고(중.상) 발끝 찍어차기(중.상)

79) 앞발 옆차걸어 돌려차고(중.상) 내외 발끝 찍어차기(중.상)

80) 앞발 옆차걸어 돌려차고(중.상) 옆차기(중.상)

81) 앞발 옆차걸어 돌려차고(중.상) 옆차걸어 돌려차기(중.상)

82) 앞발 옆차걸어 돌려차고(중.상) 뒤꿈치 원 그려차기

83) 앞발 옆차걸어 돌려차고(중.상) 앞차기(중.상)

84) 앞발 옆차걸어 돌려차고(중.상) 족장 밀어차기(중.상)

85) 앞발 옆차걸어 돌려차고(중.상) 뒤꿈치 대각 내려 찍어차기(중.상)

86) 앞발 옆차걸어 돌려차고(중.상) 뒤차기(중.상)

87) 앞발 옆차걸어 돌려차고(중.상) 뒤차걸어 돌려차기(중.상)

88) 앞발 옆차걸어 돌려차고(중.상) 발등 반달 내려찍어차기

89) 앞발 옆차걸어 돌려차고(중.상) 무릎 올려 차기

90) 앞차고(중.상) 안다리 돌려차기

91) 앞차고(중.상) 바깥다리 돌려차기

92) 앞차고(중.상) 발끝 찍어차기(중.상)

93) 앞차고(중.상) 내외 발끝 찍어차기(중.상)

94) 앞차고(중.상) 옆차기(중.상)

95) 앞차고(중.상) 옆차걸어 돌려차기(중.상)

96) 앞차고(중.상) 뒤꿈치 원 그려차기

97) 앞차고(중.상) 앞차기(중.상)

98) 앞차고(중.상) 족장 밀어차기(중.상)

99) 앞차고(중.상) 뒤꿈치 대각 내려 찍어차기(중.상)

100) 앞차고(중.상) 발등 반달 내려찍어차기

101) 앞차고(중.상) 무릎 올려 차기

102) 족장 밀어차고(중.상) 안다리 돌려차기

103) 족장 밀어차고(중.상) 바깥다리 돌려차기

104) 족장 밀어차고(중.상) 발끝 찍어차기(중.상)

105) 족장 밀어차고(중.상) 내외 발끝 찍어차기(중.상)

106) 족장 밀어차고(중.상) 옆차기(중.상)

107) 족장 밀어차고(중.상) 옆차걸어 돌려차기(중.상)

108) 족장 밀어차고(중.상) 뒤꿈치 원 그려차기

109) 족장 밀어차고(중.상) 앞차기(중.상)

110) 족장 밀어차고(중.상) 족장 밀어차기(중.상)

111) 족장 밀어차고(중.상) 뒤꿈치 대각 내려 찍어차기(중.상)

112) 족장 밀어차고(중.상) 발등 반달 내려찍어차기

113) 족장 밀어차고(중.상) 무릎 올려 차기

114) 뒤꿈치 대각 내려 찍어차고(중.상) 안다리 돌려차기

115) 뒤꿈치 대각 내려 찍어차고(중.상) 바깥다리 돌려차기

116) 뒤꿈치 대각 내려 찍어차고(중.상) 발끝 찍어차기(중.상)

117) 뒤꿈치 대각 내려 찍어차고(중.상) 내외 발끝 찍어차기(중.상)

118) 뒤꿈치 대각 내려 찍어차고(중.상) 옆차기(중.상)

119) 뒤꿈치 대각 내려 찍어차고(중.상) 옆차걸어 돌려차기(중.상)

120) 뒤꿈치 대각 내려 찍어차고(중.상) 뒤꿈치 원 그려차기

121) 뒤꿈치 대각 내려 찍어차고(중.상) 앞차기(중.상)

122) 뒤꿈치 대각 내려 찍어차고(중.상) 족장 밀어차기(중.상)

123) 뒤꿈치 대각 내려 찍어차고(중.상) 뒤꿈치 대각 내려 찍어차기(중.상)

124) 뒤꿈치 대각 내려 찍어차고(중.상) 발등 반달 내려찍어차기

125) 뒤꿈치 대각 내려 찍어차고(중.상) 무릎 올려 차기

126) 뒤차고(중.상) 발끝 찍어차기(중.상)

127) 뒤차고(중.상) 내외 발끝 찍어차기(중.상)

128) 뒤차고(중.상) 옆차기(중.상)

129) 뒤차고(중.상) 옆차걸어 돌려차기(중.상)

130) 뒤차고(중.상) 뒤꿈치 원 돌려차기

131) 뒤차고(중.상) 앞차기(중.상)

132) 뒤차고(중.상) 족장 밀어차기(중.상)

133) 뒤차고(중.상) 뒤꿈치 대각 내려 찍어차기(중.상)

134) 뒤차고(중.상) 발등 반달 내려찍어차기

135) 뒤차고(중.상) 무릎 올려 차기

136) 뒤차 걸어 돌려차기(중.상) 안다리 돌려차기

137) 뒤차 걸어 돌려차고(중.상) 바깥다리 돌려차기

138) 뒤차 걸어 돌려차고(중.상) 발끝 찍어차기(중.상)

139) 뒤차 걸어 돌려차고(중.상) 내외 발끝 찍어차기(중.상)

140) 뒤차 걸어 돌려차고(중.상) 옆차기(중.상)

141) 뒤차 걸어 돌려차고(중.상) 옆차걸어 돌려차기(중.상)

142) 뒤차 걸어 돌려차고(중.상) 뒤꿈치 원 그려차기

143) 뒤차 걸어 돌려차고(중.상) 앞차기(중.상)

144) 뒤차 걸어 돌려차고(중.상) 족장 밀어차기(중.상)

145) 뒤차 걸어 돌려차고(중.상) 뒤꿈치 대각 내려 찍어차기(중.상)

146) 뒤차 걸어 돌려차고(중.상) 뒤차기(중.상)

147) 뒤차 걸어 돌려차고(중.상) 뒤차걸어 돌려차기(중.상)

148) 뒤차 걸어 돌려차고(중.상) 발등 반달 내려찍어차기

149) 뒤차 걸어 돌려차고(중.상) 무릎 올려 차기

150) 발등 반달 내려찍어차고 뒤꿈치 원 그려차기

151) 발등 반달 내려찍어차고 앞차기(중.상)

152) 발등 반달 내려찍어차고 족장 밀어차기(중.상)

153) 무릎 올려 차고 바깥다리 돌려차기

154) 무릎 올려 차고 발끝 찍어차기(중.상)

155) 무릎 올려 차고 내외 발끝 찍어차기(중.상)

156) 무릎 올려 차고 옆차기(중.상)

157) 무릎 올려 차고 옆차 걸어 돌려차기(중.상)

158) 무릎 올려 차고 뒤꿈치 원 그려차기

159) 무릎 올려 차고 앞차기(중.상)

160) 무릎 올려 차고 족장 밀어차기(중.상)

161) 무릎 올려 차고 뒤꿈치 대각 내려 찍어차기(중.상)

162) 무릎 올려 차고 발등 반달 내려찍어차기

163) 무릎 올려 차고 무릎 올려 차기

164) 앉아 돌려차고 발끝 찍어차기(하.중.상)

165) 앉아 돌려차고 내외 발끝 찍어차기(하.중.상)

166) 앉아 돌려차고 옆차기(하.중.상)

167) 앉아 돌려차고 옆차걸어 돌려차기(하.중.상)

168) 앉아 돌려차고 앞차기(중.상)

169) 앉아 돌려차고 족장 밀어차기(하.중.상)

170) 앉아 돌려차고 뒤꿈치 대각 내려 찍어차기(하.중.상)

171) 앉아 돌려차고 발등 반달 내려찍어차기

172) 앉아 돌려차고 무릎 올려 차기

173) 서서 돌려차고 안다리 돌려차기

174) 서서 돌려차고 바깥다리 돌려차기

175) 서서 돌려차고 발끝 찍어차기(중.상)

176) 서서 돌려차고 내외 발끝 찍어차기(중.상)

177) 서서 돌려차고 옆차기(중.상)

178) 서서 돌려차고 뒤꿈치 원 그려차기
179) 서서 돌려차고 앞차기(중.상)
180) 서서 돌려차고 족장 밀어차기(중.상)
181) 서서 돌려차고 뒤꿈치 대각 내려 찍어차기(중.상)
182) 서서 돌려차고 발등 반달 내려찍어차기
183) 서서 돌려차고 무릎 올려 차기

1. 옆차고 옆차기

Start

175

2. 앞차고 옆차기

Start

(3-4)이방 전후좌우족 복식 발차기(측전 측후 후전 후측응용 및 하단발차기 응용)

1) 반안다리 돌려차고 점프 내외 발끝 찍어차기
2) 반안다리 돌려차고 뒤꿈치 원 그려차기
3) 반안다리 돌려차고 점프 뒤꿈치 걸어 돌려차기
4) 반안다리 돌려차고 점프 뒤꿈치 대각 내려 찍어차기
5) 반안다리 돌려차고 뒤차기
6) 반안다리 돌려차고 점프 뒤차기
7) 반안다리 돌려차고 뒤차 뒤꿈치 걸어돌려차기
8) 반안다리 돌려차고 점프 뒤차 뒤꿈치 걸어 돌려차기
9) 반안다리 돌려차고 앉아 돌려차기
10) 반안다리 돌려차고 발등 반달 내려찍어차기
11) 반안다리 돌려차고 무릎 올려 차기
12) 반안다리 돌려차고 점프 무릎 올려차기
13) 바깥다리 돌려차고 점프 내외 발끝 찍어차기
14) 바깥다리 돌려차고 뒤꿈치 원 그려차기
15) 바깥다리 돌려차고 뒤차기
16) 바깥다리 돌려차고 점프 뒤차기
17) 바깥다리 돌려차고 뒤차 걸어 돌려차기
18) 바깥다리 돌려차고 바꿔 발등 반달 내려찍어차기
19) 발끝 찍어차고 점프 바깥다리 돌려차기
20) 발끝 찍어차고 점프 내외 발끝 찍어차기
21) 발끝 찍어차고 뒤꿈치 원 그려차기
22) 발끝 찍어차고 점프 앞차기
23) 발끝 찍어차고 점프 족장 밀어차기
24) 발끝 찍어차고 점프 뒤차기
25) 발끝 찍어차고 발등 반달 내려찍어차기
26) 발끝 찍어차고 점프 무릎 올려 차기
27) 내외발끝 찍어차고 뒤꿈치 옆차기
28) 내외발끝 찍어차고 뒤꿈치 원 그려차기
29) 내외발끝 찍어차고 뒤꿈치 걸어 돌려차기
30) 내외발끝 찍어차고 뒤차기
31) 내외발끝 찍어차고 바꿔 점프 무릎 올려 차기
32) 옆차고 안다리 돌려차기
33) 옆차고 점프 안다리 돌려차기
34) 옆차고 바깥다리 돌려차기

35) 옆차고 점프 바깥다리 돌려차기

36) 옆차고 발끝 찍어차기

37) 안다리 돌려차고 전환 안다리 돌려차기

38) 안다리 돌려차고 전환 바깥다리 돌려차기

39) 안다리 돌려차고 전환 발끝 찍어차기(중.상)

40) 안다리 돌려차고 전환 내외 발끝 찍어차기(중.상)

41) 안다리 돌려차고 전환 옆차기(중.상)

42) 안다리 돌려차고 전환 옆차걸어 돌려차기(중.상)

43) 안다리 돌려차고 전환 뒤꿈치 원 그려차기

44) 안다리 돌려차고 전환 앞차기(중.상)

45) 안다리 돌려차고 전환 족장 밀어차기(중.상)

46) 안다리 돌려차고 전환 뒤꿈치 대각 내려 찍어차기(중.상)

47) 안다리 돌려차고 뒤차기(중.상)

48) 안다리 돌려차고 뒤차 걸어 돌려차기(중.상)

49) 안다리 돌려차고 발등 반달 내려찍어차기

50) 안다리 돌려차고 전환 무릎 올려 차기

51) 바깥다리 돌려차고 안다리 돌려차기

52) 바깥다리 돌려차고 바깥다리 돌려차기

53) 바깥다리 돌려차고 발끝 찍어차기(중.상)

54) 바깥다리 돌려차고 내외 발끝 찍어차기(중.상)

55) 바깥다리 돌려차고 옆차기(중.상)

56) 바깥다리 돌려차고 옆차 걸어 돌려차기(중.상)

57) 바깥다리 돌려차고 뒤꿈치 원 그려차기

58) 바깥다리 돌려차고 앞차기(중.상)

59) 바깥다리 돌려차고 족장 밀어차기

60) 바깥다리 돌려차고 뒤꿈치 대각 내려 찍어차기

61) 바깥다리 돌려차고 발등 반달 내려찍어차기

62) 바깥다리 돌려차고 무릎 올려 차기

63) 발끝 찍어차고(중.상) 안다리 돌려차기

64) 발끝 찍어차고 바깥다리 돌려차기

65) 발끝 찍어차고 발끝 찍어차기(중.상)

66) 발끝 찍어차고 내외 발끝 찍어차기(중.상)

67) 발끝 찍어차고 옆차기(중.상)

68) 발끝 찍어차고 옆차 걸어 돌려차기

69) 발끝 찍어차고 뒤꿈치 원 그려차기

70) 발끝 찍어차고 앞차기(중.상)

71) 발끝 찍어차고 족장 밀어차기(중.상)

72) 발끝 찍어차고 뒤꿈치 대각 내려 찍어차기(중.상)

73) 발끝 찍어차고 앞발 옆차기(중.상)

74) 발끝 찍어차고 앞발 옆차 뒤꿈치 걸어 돌려차기(중.상)

75) 발끝 찍어차고 발등 반달 내려찍어차기

76) 발끝 찍어차고 무릎 올려 차기

77) 내외 발끝 찍어차고 (중.상) 안다리 돌려차기

78) 내외 발끝 찍어차고(중.상) 바깥다리 돌려차기

79) 내외 발끝 찍어차고(중.상) 내외 발끝 찍어차기(중.상)

80) 내외 발끝 찍어차고(중.상) 발끝 찍어차기(중.상)

81) 내외 발끝 찍어차고(중.상) 옆차기(중.상)

82) 내외 발끝 찍어차고(중.상) 옆차걸어 돌려차기(중.상)

83) 내외 발끝 찍어차고(중.상) 뒤꿈치 원 그려차기

84) 내외 발끝 찍어차고(중.상) 앞차기(중.상)

85) 내외 발끝 찍어차고(중.상) 족장 밀어차기(중.상)

86) 내외 발끝 찍어차고(중.상) 뒤꿈치 대각 내려 찍어차기(중.상)

87) 내외 발끝 찍어차고(중.상) 앞발 옆차기(중.상)

88) 내외 발끝 찍어차고(중.상) 앞발옆차 뒤꿈치 걸어 돌려차기(중.상)

89) 내외 발끝 찍어차고(중.상) 발등 반달 내려찍어차기

90) 내외 발끝 찍어차고(중.상) 무릎 올려 차기

91) 옆차고(중.상) 안다리 돌려차기

92) 옆차고(중.상) 바깥다리 돌려차기

93) 옆차고(중.상) 발끝 찍어차기(중.상)

94) 옆차고(중.상) 내외 발끝 찍어차기(중.상)

95) 옆차고(중.상) 옆차기(중.상)

96) 옆차고(중.상) 옆차 걸어 돌려차기(중.상)

97) 옆차고(중.상) 뒤꿈치 원 그려차기

98) 옆차고(중.상) 앞차기(중.상)

99) 옆차고(중.상) 족장 밀어차기(중.상)

100) 옆차고(중.상) 뒤꿈치 대각 내려 찍어차기(중.상)

101) 옆차고(중.상) 발등 반달 내려찍어차기

102) 옆차고(중.상) 무릎 올려 차기

103) 앞발 옆차고(중.상) 안다리 돌려차기

104) 앞발 옆차고(중.상) 바깥다리 돌려차기

105) 앞발 옆차고(중.상) 발끝 찍어차기(중.상)

106) 앞발 옆차고(중.상) 내외 발끝 찍어차기(중.상)

107) 앞발 옆차고(중.상) 옆차기

108) 앞발 옆차고(중.상) 옆차걸어 돌려차기(중.상)

109) 앞발 옆차고(중.상) 뒤꿈치 원 그려차기

110) 앞발 옆차고(중.상) 앞차기(중.상)

111) 앞발 옆차고(중.상) 족장 밀어차기(중.상)

112) 앞발 옆차고(중.상) 뒤꿈치 대각 내려 찍어차기(중.상)

113) 앞발 옆차고(중.상) 뒤차기(중.상)

114) 앞발 옆차고(중.상) 뒤차 걸어 돌려차기(중.상)

115) 앞발 옆차고(중.상) 발등 반달 내려찍어차기

116) 앞발 옆차고(중.상) 무릎 올려 차기

117) 앞발 옆차걸어 돌려차고(중.상) 안다리 돌려차기

118) 앞발 옆차걸어 돌려차기(중.상) 바깥다리 돌려차기

119) 앞발 옆차걸어 돌려차기(중.상) 발끝 찍어차기(중.상)

120) 앞발 옆차걸어 돌려차기(중.상) 내외 발끝 찍어차기(중.상)

121) 앞발 옆차걸어 돌려차기(중.상) 옆차기(중.상)

122) 앞발 옆차걸어 돌려차기(중.상) 옆차걸어 돌려차기(중.상)

123) 앞발 옆차걸어 돌려차기(중.상) 뒤꿈치 원 그려차기

124) 앞발 옆차걸어 돌려차기(중.상) 앞차기(중.상)

125) 앞발 옆차걸어 돌려차기(중.상) 족장 밀어차기(중.상)

126) 앞발 옆차걸어 돌려차기(중.상) 뒤꿈치 대각 내려 찍어차기(중.상)

127) 앞발 옆차걸어 돌려차기(중.상) 뒤차기(중.상)

128) 앞발 옆차걸어 돌려차기(중.상) 뒤차 걸어 돌려차기(중.상)

129) 앞발 옆차걸어 돌려차고(중.상) 발등 반달 내려찍어차기

130) 앞발 옆차걸어 돌려차고(중.상) 무릎 올려 차기

131) 앞차고(중.상) 안다리 돌려차기

132) 앞차고(중.상) 바깥다리 돌려차기

133) 앞차고(중.상) 발끝 찍어차기(중.상)

134) 앞차고(중.상) 내외 발끝 찍어차기(중.상)

135) 앞차고(중.상) 옆차기(중.상)

136) 앞차고(중.상) 옆차걸어 돌려차기(중.상)

137) 앞차고(중.상) 뒤꿈치 원 그려차기

138) 앞차고(중.상) 앞차기(중.상)

139) 앞차고(중.상) 족장 밀어차기(중.상)

140) 앞차고(중.상) 뒤꿈치 대각 내려 찍어차기(중.상)

141) 앞차고(중.상) 발등 반달 내려찍어차기

142) 앞차고(중.상) 무릎 올려 차기

143) 족장 밀어차고(중.상) 안다리 돌려차기

144) 족장 밀어차고(중.상) 바깥다리 돌려차기

145) 족장 밀어차고(중.상) 발끝 찍어차기(중.상)

146) 족장 밀어차고(중.상) 내외 발끝 찍어차기(중.상)

147) 족장 밀어차고(중.상) 옆차기(중.상)

148) 족장 밀어차고(중.상) 옆차걸어 돌려차기

149) 족장 밀어차고(중.상) 뒤꿈치 원 그려차기

150) 족장 밀어차고(중.상) 앞차기(중.상)

151) 족장 밀어차고(중.상) 족장밀어차기(중.상)

152) 족장 밀어차고(중.상) 뒤꿈치 대각 내려 찍어차기(중.상)

153) 족장 밀어차고(중.상) 발등 반달 내려찍어차기

154) 족장 밀어차고(중.상) 무릎 올려 차기

155) 뒤꿈치 대각 내려 찍어차고(중.상) 안다리 돌려차기

156) 뒤꿈치 대각 내려 찍어차고(중.상) 바깥다리 돌려차기

157) 뒤꿈치 대각 내려 찍어차고(중.상) 발끝 찍어차기(중.상)

158) 뒤꿈치 대각 내려 찍어차고(중.상) 내외 발끝 찍어차기(중.상)

159) 뒤꿈치 대각 내려 찍어차고(중.상) 옆차기(중.상)

160) 뒤꿈치 대각 내려 찍어차고(중.상) 옆차걸어 돌려차기(중.상)

161) 뒤꿈치 대각 내려 찍어차고(중.상) 뒤꿈치 원 그려차기

162) 뒤꿈치 대각 내려 찍어차고(중.상) 앞차기(중.상)

163) 뒤꿈치 대각 내려 찍어차고(중.상) 족장 밀어차기(중.상)

164) 뒤꿈치 대각 내려 찍어차고(중.상) 뒤꿈치 대각 내려 찍어차기(중.상)

165) 뒤꿈치 대각 내려 찍어차고(중.상) 발등 반달 내려찍어차기

166) 뒤꿈치 대각 내려 찍어차고(중.상) 무릎 올려 차기

167) 뒤차고(중.상) 안다리 돌려차기

168) 뒤차고(중.상) 바깥다리 돌려차기

169) 뒤차고(중.상) 발끝 찍어차기(중.상)

170) 뒤차고(중.상) 내외 발끝 찍어차기(중.상)

171) 뒤차고(중.상) 옆차기(중.상)

172) 뒤차고(중.상) 옆차걸어 돌려차기(중.상)

173) 뒤차고(중.상) 뒤꿈치 원 그려차기

174) 뒤차고(중.상) 앞차기(중.상)

175) 뒤차고(중.상) 족장 밀어차기(중.상)

176) 뒤차고(중.상) 뒤꿈치 대각 내려 찍어차기(중.상)

177) 뒤차고(중.상) 발등 반달 내려찍어차기

178) 뒤차고(중.상) 무릎 올려 차기

179) 뒤차 걸어 돌려차고(중.상) 안다리 돌려차기
180) 뒤차 걸어 돌려차고(중.상) 바깥다리 돌려차기
181) 뒤차 걸어 돌려차고(중.상) 발끝 찍어차기(중.상)
182) 뒤차 걸어 돌려차고(중.상) 내외 발끝 찍어차기(중.상)
183) 뒤차 걸어 돌려차고(중.상) 옆차기
184) 뒤차 걸어 돌려차고(중.상) 옆차걸어 돌려차기
185) 뒤차 걸어 돌려차고(중.상) 뒤꿈치 원 그려차기
186) 뒤차 걸어 돌려차고(중.상) 앞차기
187) 뒤차 걸어 돌려차고(중.상) 족장 밀어차기
188) 뒤차 걸어 돌려차고(중.상) 뒤꿈치 대각 내려 찍어차기(중.상)
189) 뒤차 걸어 돌려차고(중.상) 발등 반달 내려찍어차기
190) 뒤차 걸어 돌려차고(중.상) 무릎 올려 차기

191) 반달 발 올려들어 발등 내려차고 안다리 돌려차기
192) 반달 발 올려들어 발등 내려차고 바깥다리 돌려차기
193) 반달 발 올려들어 발등 내려차고 발끝 찍어차기(중.상)
194) 반달 발 올려들어 발등 내려차고 내외 발끝 찍어차기(중.상)
195) 반달 발 올려들어 발등 내려차고 옆차기(중.상)
196) 반달 발 올려들어 발등 내려차고 옆차걸어 돌려차기(중.상)
197) 반달 발 올려들어 발등 내려차고 뒤꿈치 원 그려차기
198) 반달 발 올려들어 발등 내려차고 앞차기(중.상)
199) 반달 발 올려들어 발등 내려차고 족장 밀어차기(중.상)
200) 반달 발 올려들어 발등 내려차고 뒤꿈치 대각 내려 찍어차기(중.상)
201) 반달 발 올려들어 발등 내려차고 발등 반달 내려찍어차기
202) 반달 발 올려들어 발등 내려차고 무릎 올려 차기
203) 무릎 올려 차고 안다리 돌려차기
204) 무릎 올려 차고 바깥다리 돌려차기
205) 무릎 올려 차고 발끝 찍어차기(중.상)

206) 무릎 올려 차고 내외 발끝 찍어차기(중.상)
207) 무릎 올려 차고 옆차기(중.상)
208) 무릎 올려 차고 옆차걸어 돌려차기(중.상)
209) 무릎 올려 차고 뒤꿈치 원 그려차기
210) 무릎 올려 차고 앞차기(중.상)
211) 무릎 올려 차고 족장 밀어차기(중.상)
212) 무릎 올려 차고 뒤꿈치 대각 내려 찍어차기(중.상)
213) 무릎 올려 차고 발등 반달 내려찍어차기
214) 무릎 올려 차고 무릎 올려 차기

276) 족장밀어차고 바깥다리 돌려차기

277) 족장밀어차고 점프 바깥다리 돌려차기

278) 족장밀어차고 발끝 찍어차기

279) 족장밀어차고 점프 발끝 찍어차기

280) 족장밀어차고 내외 발끝 찍어차기

281) 족장밀어차고 점프 내외 발끝 찍어차기

282) 족장밀어차고 족장 밀어차기

283) 족장밀어차고 점프 족장 밀어차기

284) 족장밀어차고 뒤꿈치 원 그려차기

285) 족장밀어차고 뒤꿈치 걸어 돌려차기

286) 족장밀어차고 뒤꿈치 대각 내려 찍어차기

287) 족장밀어차고 내외 뒤꿈치 대각 내려 찍어차기

288) 족장밀어차고 뒤차기

289) 족장밀어차고 점프 뒤차기

290) 족장밀어차고 뒤차 뒤꿈치 걸어 돌려차기

291) 족장밀어차고 발등 반달 내려찍어차기

292) 족장밀어차고 무릎 올려 차기

293) 족장밀어차고 점프 무릎 올려 차기

294) 뒤꿈치 대각내려 찍어차고 점프 뒤꿈치 대각내려 찍어차기

295) 뒤꿈치 대각내려 찍어차고 안다리 돌려차기

296) 뒤꿈치 대각내려 찍어차고 점프 안다리 돌려차기

297) 뒤꿈치 대각내려 찍어차고 바깥다리 돌려차기

298) 뒤꿈치 대각내려 찍어차고 점프 바깥다리 찍어차기

299) 뒤꿈치 대각내려 찍어차고 발끝 찍어차기

300) 뒤꿈치 대각내려 찍어차고 점프 발끝 찍어차기

301) 뒤꿈치 대각내려 찍어차고 내외 발끝 찍어차기

302) 뒤꿈치 대각내려 찍어차고 점프 내외 발끝 찍어차기

303) 뒤꿈치 대각내려 찍어차고 뒤꿈치 원 그려차기

304) 뒤꿈치 대각내려 찍어차고 뒤꿈치걸어 돌려차기

305) 뒤꿈치 대각내려 찍어차고 앞차기

306) 뒤꿈치 대각내려 찍어차고 점프 앞차기

307) 뒤꿈치 대각내려 찍어차고 족장 밀어차기

308) 뒤꿈치 대각내려 찍어차고 점프 족장 밀어차기

309) 뒤꿈치 대각내려 찍어차고 뒤꿈치 대각 내려 찍어차기

310) 뒤꿈치 대각내려 찍어차고 점프 뒤꿈치 대각 내려 찍어차기

311) 뒤꿈치 대각내려 찍어차고 뒤차기
312) 뒤꿈치 대각내려 찍어차고 뒤차 걷어 돌려차기
313) 뒤꿈치 대각내려 찍어차고 발등 반달 내려찍어차기
314) 뒤꿈치 대각내려 찍어차고 무릎 을려 차기
315) 앞발옆차고 안다리 돌려차기
316) 앞발옆차고 바깥다리 돌려차기
317) 앞발옆차고 점프 바깥다리 돌려차기
318) 앞발옆차고 발끝 찍어차기
319) 앞발옆차고 점프 발끝 찍어차기
320) 앞발옆차고 내외 발끝 찍어차기
321) 앞발옆차고 점프 내외 발끝 찍어차기
322) 앞발옆차고 옆차기
323) 앞발옆차고 점프 옆차기
324) 앞발옆차고 뒤꿈치 원그려차기
325) 앞발옆차고 뒤꿈치 걷어 돌려차기
326) 앞발옆차고 앞차기
327) 앞발옆차고 점프 앞차기
328) 앞발옆차고 족장 밀어차기
329) 앞발옆차고 점프 족장 밀어차기
330) 앞발옆차고 뒤꿈치 대각 내려 찍어차기
331) 앞발옆차고 뒤꿈치 점프 대각 내려 찍어차기
332) 앞발옆차고 뒤차기
333) 앞발옆차고 점프 뒤차기
334) 앞발옆차고 뒤차 걷어 돌려차기
335) 앞발옆차고 발등 반달 내려찍어차기
336) 앞발옆차고 무릎 올려 차기
337) 앞발옆차고 점프 무릎 올려 차기
338) 뒤차고 뒤차기
339) 뒤차고 바깥다리 돌려차기
340) 뒤차고 점프 바깥다리 돌려차기
341) 뒤차고 발끝 찍어차기
342) 뒤차고 점프 발끝 찍어차기
343) 뒤차고 내외 발끝 찍어차기
344) 뒤차고 점프 내외 발끝 찍어차기
345) 뒤차고 뒤꿈치 원그려차기

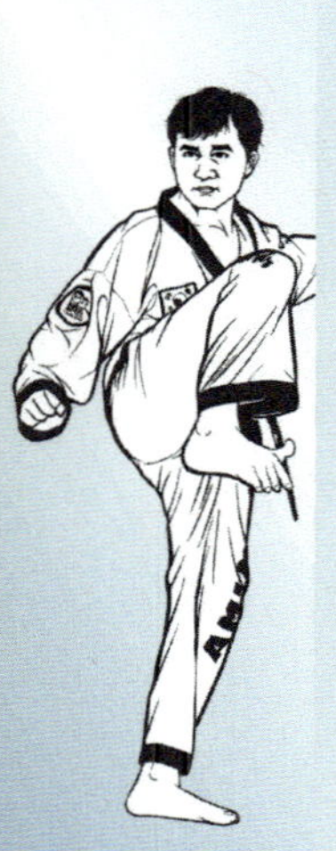

경호무술 2
호위발차기법

1. 앞차고 뒤차기

Start

189

2. 옆차고 뒤차기

이방 좌우측 좌우족 복식발차기란 서로 다른 방향으로 좌우측 발을 번갈아가며, 연속해서 발차기를 구사하는 것으로서, 경호환경에서 다수의 공격자들이 서로 다른 각도에서 동시 공격할때 좌우측 발을 이용하여 전후, 전측, 후전, 후측, 측후, 측전 방향으로 번갈아 발을 바꾸어 뻗어 차는 발기술이다. 이 발차기기술은 상대방의 공격에 대하여 역습 (반격)하기에 가장 효과적인 발차기로서 수련단계에서 몸으로 체현할 수 있도록 수련해야만 한다. 다만, 이 발차기는 위치이동보다는 몸통과 발을 상, 중, 하와 같이 높낮이를 달리하여 뻗어 차는 것이 중요하다. 끝으로 전환선법 발차기와 특수발차기를 혼용하여 연습하면 더욱 실전력을 높일 수 있는 수련법이 될 수 있다.

(3-5) 이방 좌·우측 좌·우족 복식 발차기 (측전·측후·후전·후측·전후·전측)

1) 안다리 돌려차고 안다리 돌려차기
2) 안다리 돌려차고 바깥다리 돌려차기
3) 안다리 돌려차고 발끝찍어차기(하, 중, 상)
4) 안다리 돌려차고 내외발끝찍어차기(하, 중, 상)
5) 안다리 돌려차고 뒤꿈치 대각내려찍어차기(하, 중)
6) 안다리 돌려차고 옆차기(하, 중, 상)
7) 안다리 돌려차고 옆차걸어 돌려차기(하, 중, 상)
8) 안다리 돌려차고 앞발상단옆차기(하, 중, 상)
9) 안다리 돌려차고 뒤꿈치원그려 돌려차기(하, 중, 상)
10) 안다리 돌려차고 앞차기(하, 중, 상)

11) 안다리 돌려차고 족장밀어차기(하, 중, 상)
12) 안다리 돌려차고 뒤차기(하, 중, 상)
13) 안다리 돌려차고 서서돌려차기(하, 중, 상)
14) 안다리 돌려차고 앉아돌려차기
15) 안다리 돌려차고 무릎대각올려차기
16) 안다리 돌려차고 발등반달 내려찍어차기
17) 바깥다리 돌려차고 안다리 돌려차기
18) 바깥다리 돌려차고 바깥다리 돌려차기
19) 바깥다리 돌려차고 발끝찍어차기(하, 중, 상)
20) 바깥다리 돌려차고 내외발끝찍어차기(하, 중, 상)

21) 바깥다리돌려차고 뒤꿈치 대각내려찍어차기(하, 중)

22) 바깥다리 돌려차고 옆차기(하, 중, 상)

23) 바깥다리 돌려차고 옆차걸어 돌려차기(하, 중, 상)

24) 바깥다리 돌려차고 앞발상단옆차기(하, 중, 상)

25) 바깥다리 돌려차고 뒤꿈치원그려 돌려차기(하, 중, 상)

26) 바깥다리 돌려차고 앞차기(하, 중, 상)

27) 바깥다리 돌려차고 족장밀어차기(하, 중, 상)

28) 바깥다리 돌려차고 뒤차기(하, 중, 상)

29) 바깥다리 돌려차고 서서돌려차기(하, 중, 상)

30) 바깥다리 돌려차고 앉아돌려차기

31) 바깥다리 돌려차고 무릎대각올려차기

32) 바깥다리돌려차고 발등반달 내려찍어차기

33) 발끝찍어차고(하,중,상) 안다리 돌려차기

34) 발끝찍어차고(하,중,상) 바깥다리 돌려차기

35) 발끝찍어차고(하,중,상) 발끝찍어차기(하, 중, 상)

36) 발끝찍어차고(하,중,상) 내외발끝찍어차기(하, 중, 상)

37) 발끝찍어차고(하,중,상) 뒤꿈치 대각내려찍어차기(하, 중)

38) 발끝찍어차고(하,중,상) 옆차기(하, 중, 상)

39) 발끝찍어차고(하,중,상) 옆차걸어 돌려차기(하, 중, 상)

40) 발끝찍어차고(하,중,상) 앞발상단옆차기(하, 중, 상)

41) 발끝찍어차고(하,중,상) 뒤꿈치원그려 돌려차기(하, 중, 상)

42) 발끝찍어차고(하,중,상) 앞차기(하, 중, 상)

43) 발끝찍어차고(하,중,상) 족장밀어차기(하, 중, 상)

44) 발끝찍어차고(하,중,상) 뒤차기(하, 중, 상)

45) 발끝찍어차고(하,중,상) 서서돌려차기(하, 중, 상)

46) 발끝찍어차고(하,중,상) 앉아돌려차기

47) 발끝찍어차고(하,중,상) 무릎대각올려차기

48) 발끝찍어차고(하,중,상) 발등반달 내려찍어차기

49) 내외발끝찍어차고(하,중,상) 안다리 돌려차기

50) 내외발끝찍어차고(하,중,상) 바깥다리 돌려차기

51) 내외발끝찍어차고(하,중,상) 발끝찍어차기(하, 중, 상)

52) 내외발끝찍어차고(하,중,상) 내외발끝찍어차기(하, 중, 상)

53) 내외발끝찍어차고(하,중,상) 뒤꿈치 대각내려찍어차기(하, 중)

54) 내외발끝찍어차고(하,중,상) 옆차기(하, 중, 상)

55) 내외발끝찍어차고(하,중,상) 옆차 걸어 돌려차기(하, 중, 상)

56) 내외발끝찍어차고(하,중,상) 앞발 상단옆차기(하, 중, 상)

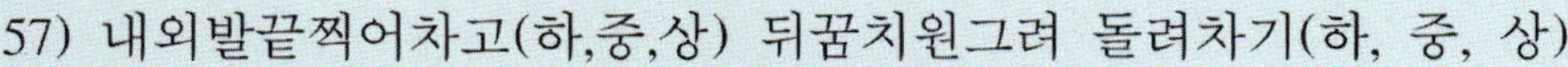

57) 내외발끝찍어차고(하,중,상) 뒤꿈치원그려 돌려차기(하, 중, 상)

58) 내외발끝찍어차고(하,중,상) 앞차기(하, 중, 상)

59) 내외발끝찍어차고(하,중,상) 족장밀어차기(하, 중, 상)

60) 내외발끝찍어차고(하,중,상) 뒤차기(하, 중, 상)

61) 내외발끝찍어차고(하,중,상) 서서돌려차기(하, 중, 상)

62) 내외발끝찍어차고(하,중,상) 앉아돌려차기

63) 내외발끝찍어차고(하,중,상) 무릎대각올려차기

64) 내외발끝찍어차고(하,중,상) 발등반달 내려찍어차기

65) 뒤꿈치대각내려찍어차고 안다리 돌려차기

66) 뒤꿈치대각내려찍어차고 바깥다리 돌려차기

67) 뒤꿈치대각내려찍어차고 발끝찍어차기(하, 중, 상)

68) 뒤꿈치대각내려찍어차고 내외발끝찍어차기(하, 중, 상)

69) 뒤꿈치대각내려찍어차고 뒤꿈치 대각내려찍어차기(하, 중)

70) 뒤꿈치대각내려찍어차고 옆차기(하, 중, 상)

71) 뒤꿈치대각내려찍어차고 옆차걸어 돌려차기(하, 중, 상)

72) 뒤꿈치대각내려찍어차고 앞발상단옆차기(하, 중, 상)

73) 뒤꿈치대각내려찍어차고 뒤꿈치원그려 돌려차기(하, 중, 상)

74) 뒤꿈치대각내려찍어차고 앞차기(하, 중, 상)

75) 뒤꿈치대각내려찍어차고 족장밀어차기(하, 중, 상)

76) 뒤꿈치대각내려찍어차고 뒤차기(하, 중, 상)

77) 뒤꿈치대각내려찍어차고 서서돌려차기(하, 중, 상)

78) 뒤꿈치대각내려찍어차고 앉아돌려차기

79) 뒤꿈치대각내려찍어차고 무릎대각올려차기

80) 뒤꿈치대각내려찍어차고 발등반달 내려찍어차기

81) 옆차고(하,중,상) 안다리 돌려차기

82) 옆차고(하,중,상) 바깥다리 돌려차기

83) 옆차고(하,중,상) 발끝찍어차기(하, 중, 상)

84) 옆차고(하,중,상) 내외발끝찍어차기(하, 중, 상)

85) 옆차고(하,중,상) 뒤꿈치 대각내려찍어차기(하, 중)

86) 옆차고(하,중,상) 옆차기(하, 중, 상)

87) 옆차고(하,중,상) 옆차걸어 돌려차기(하, 중, 상)

88) 옆차고(하,중,상) 앞발상단옆차기(하, 중, 상)

89) 옆차고(하,중,상) 뒤꿈치원그려 돌려차기(하, 중, 상)

90) 옆차고(하,중,상) 앞차기(하, 중, 상)

91) 옆차고(하,중,상) 족장밀어차기(하, 중, 상)

92) 옆차고(하,중,상) 뒤차기(하, 중, 상)

93) 옆차고(하,중,상) 서서돌려차기(하, 중, 상)

94) 옆차고(하,중,상) 앉아돌려차기

95) 옆차고(하,중,상) 무릎대각올려차기

96) 옆차고(하,중,상) 발등반달 내려찍어차기

97) 옆차걸어돌려차고(하,중,상) 안다리 돌려차기

98) 옆차걸어돌려차고(하,중,상) 바깥다리 돌려차기

99) 옆차걸어돌려차고(하,중,상) 발끝찍어차기(하, 중, 상)

100) 옆차걸어돌려차고(하,중,상) 내외발끝찍어차기(하, 중, 상)

101) 옆차걸어돌려차고(하,중,상) 뒤꿈치 대각내려찍어차기(하, 중)

102) 옆차걸어돌려차고(하,중,상) 옆차기(하, 중, 상)

103) 옆차걸어돌려차고(하,중,상) 옆차걸어 돌려차기(하, 중, 상)

104) 옆차걸어돌려차고(하,중,상) 앞발상단옆차기(하, 중, 상)

105) 옆차걸어돌려차고(하,중,상) 뒤꿈치원그려 돌려차기(하, 중, 상)

106) 옆차걸어돌려차고(하,중,상) 앞차기(하, 중, 상)

107) 옆차걸어돌려차고(하,중,상) 족장밀어차기(하, 중, 상)

108) 옆차걸어돌려차고(하,중,상) 뒤차기(하, 중, 상)

109) 옆차걸어돌려차고(하,중,상) 서서돌려차기(하, 중, 상)

110) 옆차걸어돌려차고(하,중,상) 앉아돌려차기

111) 옆차걸어돌려차고(하,중,상) 무릎대각올려차기

112) 옆차걸어돌려차고(하,중,상) 발등반달 내려찍어차기

113) 앞발상단옆차고(하,중,상) 안다리 돌려차기

114) 앞발상단옆차고(하,중,상) 바깥다리 돌려차기

115) 앞발상단옆차고(하,중,상) 발끝찍어차기(하, 중, 상)

116) 앞발상단옆차고(하,중,상) 내외발끝찍어차기(하, 중, 상)

117) 앞발상단옆차고(하,중,상) 뒤꿈치 대각내려찍어차기(하, 중)

118) 앞발상단옆차고(하,중,상) 옆차기(하, 중, 상)

119) 앞발상단옆차고(하,중,상) 옆차걸어 돌려차기(하, 중, 상)

120) 앞발상단옆차고(하,중,상) 앞발상단옆차기(하, 중, 상)

121) 앞발상단옆차고(하,중,상) 뒤꿈치원그려 돌려차기(하, 중, 상)

122) 앞발상단옆차고(하,중,상) 앞차기(하, 중, 상)

123) 앞발상단옆차고(하,중,상) 족장밀어차기(하, 중, 상)

124) 앞발상단옆차고(하,중,상) 뒤차기(하, 중, 상)

125) 앞발상단옆차고(하,중,상) 서서돌려차기(하, 중, 상)

126) 앞발상단옆차고(하,중,상) 앉아돌려차기

127) 앞발상단옆차고(하,중,상) 무릎대각올려차기

128) 앞발상단옆차고(하,중,상) 발등반달 내려찍어차기

129) 뒤꿈치원그려돌려차고 안다리 돌려차기

130) 뒤꿈치원그려돌려차고 바깥다리 돌려차기

131) 뒤꿈치원그려돌려차고 발끝찍어차기(하, 중, 상)

132) 뒤꿈치원그려돌려차고 내외발끝찍어차기(하, 중, 상)

133) 뒤꿈치원그려돌려차고 뒤꿈치 대각내려찍어차기(하, 중)

134) 뒤꿈치원그려돌려차고 옆차기(하, 중, 상)

135) 뒤꿈치원그려돌려차고 옆차걸어 돌려차기(하, 중, 상)

136) 뒤꿈치원그려돌려차고 앞발상단옆차기(하, 중, 상)

137) 뒤꿈치원그려돌려차고 뒤꿈치원그려 돌려차기(하, 중, 상)

138) 뒤꿈치원그려돌려차고 앞차기(하, 중, 상)

139) 뒤꿈치원그려돌려차고 족장밀어차기(하, 중, 상)

140) 뒤꿈치원그려돌려차고 뒤차기(하, 중, 상)

141) 뒤꿈치원그려돌려차고 서서돌려차기(하, 중, 상)

142) 뒤꿈치원그려돌려차고 앉아돌려차기

143) 뒤꿈치원그려돌려차고 무릎대각올려차기

144) 뒤꿈치원그려돌려차고 발등반달 내려찍어차기

145) 앞차고(하,중,상) 안다리 돌려차기

146) 앞차고(하,중,상) 바깥다리 돌려차기

147) 앞차고(하,중,상) 발끝찍어차기(하, 중, 상)

148) 앞차고(하,중,상) 내외발끝찍어차기(하, 중, 상)

149) 앞차고(하,중,상) 뒤꿈치 대각내려찍어차기(하, 중)

150) 앞차고(하,중,상) 옆차기(하, 중, 상)

151) 앞차고(하,중,상) 옆차걸어 돌려차기(하, 중, 상)

152) 앞차고(하,중,상) 앞발상단옆차기(하, 중, 상)

153) 앞차고(하,중,상) 뒤꿈치원그려 돌려차기(하, 중, 상)

154) 앞차고(하,중,상) 앞차기(하, 중, 상)

155) 앞차고(하,중,상) 족장밀어차기(하, 중, 상)

156) 앞차고(하,중,상) 뒤차기(하, 중, 상)

157) 앞차고(하,중,상) 서서돌려차기(하, 중, 상)

158) 앞차고(하,중,상) 앉아돌려차기

159) 앞차고(하,중,상) 무릎대각올려차기

160) 앞차고(하,중,상) 발등반달 내려찍어차기

161) 족장밀어차고(하,중,상) 안다리 돌려차기

162) 족장밀어차고(하,중,상) 바깥다리 돌려차기

163) 족장밀어차고(하,중,상) 발끝찍어차기(하, 중, 상)

164) 족장밀어차고(하,중,상) 내외발끝찍어차기(하, 중, 상)

165) 족장밀어차고(하,중,상) 뒤꿈치 대각내려찍어차기(하, 중)

166) 족장밀어차고(하,중,상) 옆차기(하, 중, 상)

167) 족장밀어차고(하,중,상) 옆차걸어 돌려차기(하, 중, 상)

168) 족장밀어차고(하,중,상) 앞발상단옆차기(하, 중, 상)

169) 족장밀어차고(하,중,상) 뒤꿈치원그려 돌려차기(하, 중, 상)

170) 족장밀어차고(하,중,상) 앞차기(하, 중, 상)

171) 족장밀어차고(하,중,상) 족장밀어차기(하, 중, 상)

172) 족장밀어차고(하,중,상) 뒤차기(하, 중, 상)

173) 족장밀어차고(하,중,상) 서서돌려차기(하, 중, 상)

174) 족장밀어차고(하,중,상) 앉아돌려차기

175) 족장밀어차고(하,중,상) 무릎대각올려차기

176) 족장밀어차고(하,중,상) 발등반달 내려찍어차기

177) 뒤차고(하,중,상) 안다리 돌려차기

178) 뒤차고(하,중,상) 바깥다리 돌려차기

179) 뒤차고(하,중,상) 발끝찍어차기(하, 중, 상)

180) 뒤차고(하,중,상) 내외발끝찍어차기(하, 중, 상)

181) 뒤차고(하,중,상) 뒤꿈치 대각내려찍어차기(하, 중)

182) 뒤차고(하,중,상) 옆차기(하, 중, 상)

183) 뒤차고(하,중,상) 옆차걸어 돌려차기(하, 중, 상)

184) 뒤차고(하,중,상) 앞발상단옆차기(하, 중, 상)

185) 뒤차고(하,중,상) 뒤꿈치원그려 돌려차기(하, 중, 상)

186) 뒤차고(하,중,상) 앞차기(하, 중, 상)

187) 뒤차고(하,중,상) 족장밀어차기(하, 중, 상)

188) 뒤차고(하,중,상) 뒤차기(하, 중, 상)

189) 뒤차고(하,중,상) 서서돌려차기(하, 중, 상)

190) 뒤차고(하,중,상) 앉아돌려차기

191) 뒤차고(하,중,상) 무릎대각올려차기

192) 뒤차고(하,중,상) 발등반달 내려찍어차기

193) 서서돌려차고(하,중,상) 안다리 돌려차기

194) 서서돌려차고(하,중,상) 바깥다리 돌려차기

195) 서서돌려차고(하,중,상) 발끝찍어차기(하, 중, 상)

196) 서서돌려차고(하,중,상) 내외발끝찍어차기(하, 중, 상)

197) 서서돌려차고(하,중,상) 뒤꿈치 대각내려찍어차기(하, 중)

198) 서서돌려차고(하,중,상) 옆차기(하, 중, 상)

199) 서서돌려차고(하,중,상) 옆차걸어 돌려차기(하, 중, 상)

200) 서서돌려차고(하,중,상) 앞발상단옆차기(하, 중, 상)

201) 서서돌려차고(하,중,상) 뒤꿈치원그려 돌려차기(하, 중, 상)

202) 서서돌려차고(하,중,상) 앞차기(하, 중, 상)

203) 서서돌려차고(하,중,상) 족장밀어차기(하, 중, 상)

204) 서서돌려차고(하,중,상) 뒤차기(하, 중, 상)

205) 서서돌려차고(하,중,상) 서서돌려차기(하, 중, 상)

206) 서서돌려차고(하,중,상) 앉아돌려차기

207) 서서돌려차고(하,중,상) 무릎대각올려차기

208) 서서돌려차고(하,중,상) 발등반달 내려찍어차기

209) 앉아돌려차고 안다리 돌려차기

210) 앉아돌려차고 바깥다리 돌려차기

211) 앉아돌려차고 발끝찍어차기(하, 중, 상)

212) 앉아돌려차고 내외발끝찍어차기(하, 중, 상)

213) 앉아돌려차고 뒤꿈치 대각내려찍어차기(하, 중)

214) 앉아돌려차고 옆차기(하, 중, 상)

215) 앉아돌려차고 옆차걸어 돌려차기(하, 중, 상)

216) 앉아돌려차고 앞발상단옆차기(하, 중, 상)

217) 앉아돌려차고 뒤꿈치원그려 돌려차기(하, 중, 상)

218) 앉아돌려차고 앞차기(하, 중, 상)

219) 앉아돌려차고 족장밀어차기(하, 중, 상)

220) 앉아돌려차고 뒤차기(하, 중, 상)

221) 앉아돌려차고 서서돌려차기(하, 중, 상)

222) 앉아돌려차고 앉아돌려차기

223) 앉아돌려차고 무릎대각올려차기

224) 앉아돌려차고 발등반달 내려찍어차기

225) 무릎대각올려차고 안다리 돌려차기

226) 무릎대각올려차고 바깥다리 돌려차기

227) 무릎대각올려차고 발끝찍어차기(하, 중, 상)

228) 무릎대각올려차고 내외발끝찍어차기(하, 중, 상)

229) 무릎대각올려차고 뒤꿈치 대각내려찍어차기(하, 중)

230) 무릎대각올려차고 옆차기(하, 중, 상)

231) 무릎대각올려차고 옆차걸어 돌려차기(하, 중, 상)

232) 무릎대각올려차고 앞발상단옆차기(하, 중, 상)

233) 무릎대각올려차고 뒤꿈치원그려 돌려차기(하, 중, 상)

234) 무릎대각올려차고 앞차기(하, 중, 상)

235) 무릎대각올려차고 족장밀어차기(하, 중, 상)

236) 무릎대각올려차고 뒤차기(하, 중, 상)

237) 무릎대각올려차고 서서돌려차기(하, 중, 상)

238) 무릎대각올려차고 앉아돌려차기

239) 무릎대각올려차고 무릎대각올려차기

240) 무릎대각올려차고 발등반달 내려찍어차기

241) 발등반달내려찍어차고 안다리 돌려차기

242) 발등반달내려찍어차고 바깥다리 돌려차기

243) 발등반달내려찍어차고 발끝찍어차기(하, 중, 상)

244) 발등반달내려찍어차고 내외발끝찍어차기(하, 중, 상)

245) 발등반달내려찍어차고 뒤꿈치 대각내려찍어차기(하, 중)

246) 발등반달내려찍어차고 옆차기(하, 중, 상)

247) 발등반달내려찍어차고 옆차걷어 돌려차기(하, 중, 상)

248) 발등반달내려찍어차고 앞발상단옆차기(하, 중, 상)

249) 발등반달내려찍어차고 뒤꿈치원그려 돌려차기(하, 중, 상)

250) 발등반달내려찍어차고 앞차기(하, 중, 상)

251) 발등반달내려찍어차고 족장밀어차기(하, 중, 상)

252) 발등반달내려찍어차고 뒤차기(하, 중, 상)

253) 발등반달내려찍어차고 서서돌려차기(하, 중, 상)

254) 발등반달내려찍어차고 앉아돌려차기

255) 발등반달내려찍어차고 무릎대각올려차기

256) 발등반달내려찍어차고 발등반달 내려찍어차기

1. 옆차고 발끝 찍어차기

2. 족장밀어차고 옆차기

Start

3. 발끝 찍어차고 족장밀어차기

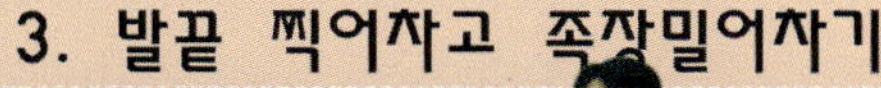

4. 발끝찍고 옆차기

202

5. 발끝 찍어차고 발끝 찍어차기

Start

　사방복식발차기는 전·후, 좌·우 측면에 있는 상대를 가상해 발차기하는 기술로서 위치를 이용하지 않고 전후, 후전, 좌우, 우좌, 전좌, 좌전, 후좌, 후우, 좌후, 우후 방향으로 자유롭게 혼용하여 사방으로 교차 발차기하며, 일족 또는 좌우족으로 구분 발차기를 구사할 수도 있다.

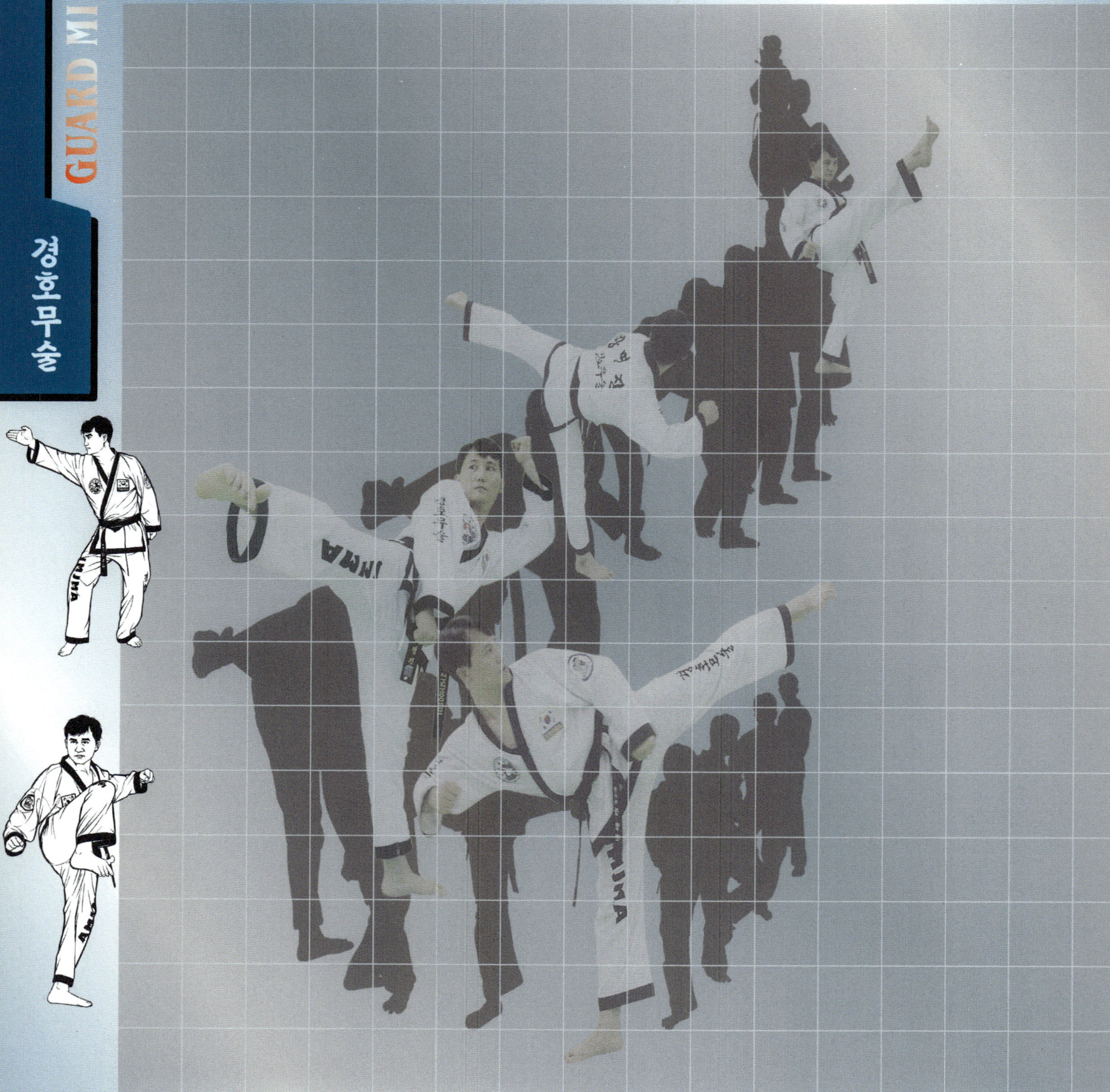

사방복식발차기

Start

GUARD MILITARY

4. 특수 발차기법

특수발차기법 의의　　　　　　　　　　　MEANING

　특수발차기란 점프 도약해서 몸을 높게 한 다음 체중을 실어 가격력을 최대로 하여 높게 길게 날아 차는 발차기 기술을 말하는 것으로서, 이단옆차기, 이단양발옆차기, 이단발끝찍어차기, 이단양발모아발끝찍기, 이단옆차기, 이단뒤차기, 두발모아높이차기, 두발벌려높이차기, 두발벌려원그려차기, 좌우X자벌려차기, 제자리 점프서서돌려차기, 560˚ 점프서서돌려차기, 제자리 점프360˚ 발끝찍어차기, 이단X자 감아차기 등이 있다.

　특수발차기의 수련은 매우 고난도의 발차기를 요하기 때문에, 기초체력이 중요하며, 특히 순발력과 평형감각등이 요구된다. 아울러, 고난도로 인한 신체부상 등의 위험 또한 크기 때문에 아주 특별한 집중력이 요구되는 수련발차기다라고 할 수 있다.

특수발차기법 종류　　　　　　　　　　CLASSIFY

1) 이단 발끝 찍어차기
2) 이단 두발모아 찍어차기
3) 이단 옆차기
4) 이단 두발모아 옆차기
5) 이단 뒤차기
6) 두발모아 높이차기
7) 두발모아 벌려차기
8) 두발모아 벌려 원그려돌려차기
9) 이단 좌우 교차차기
10) 이단 점프 서서돌려차기
11) 발목감아 밀어차기
12) 이단 목감아 차기
13) 발목감아 차기

특수발차기 설명(예)

EXAMPLE

1. 이단 발끝찍어차기

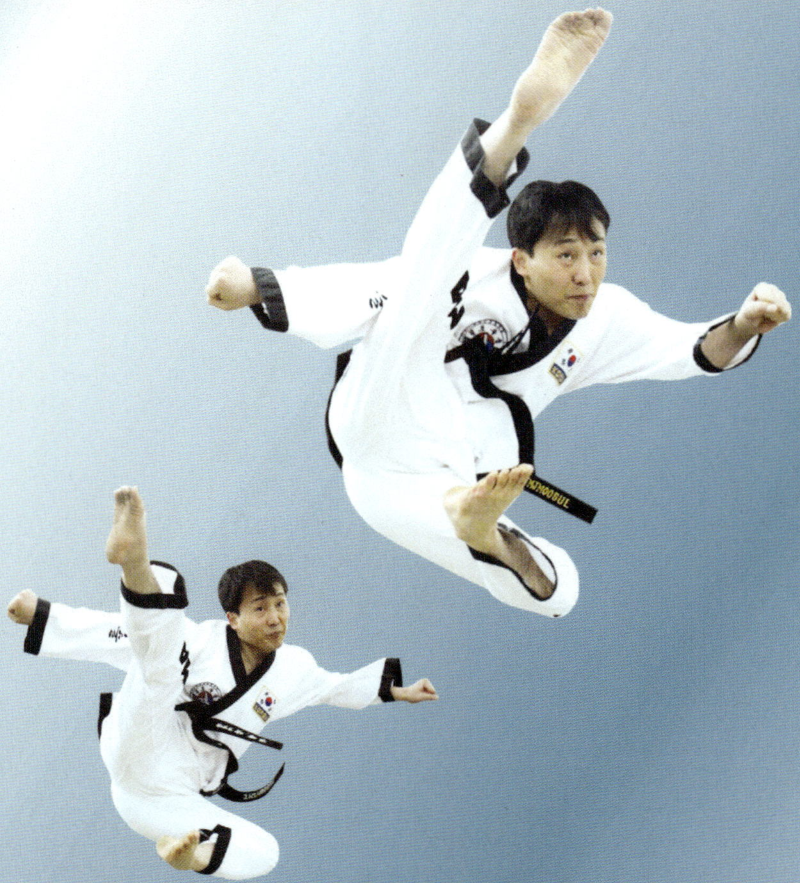

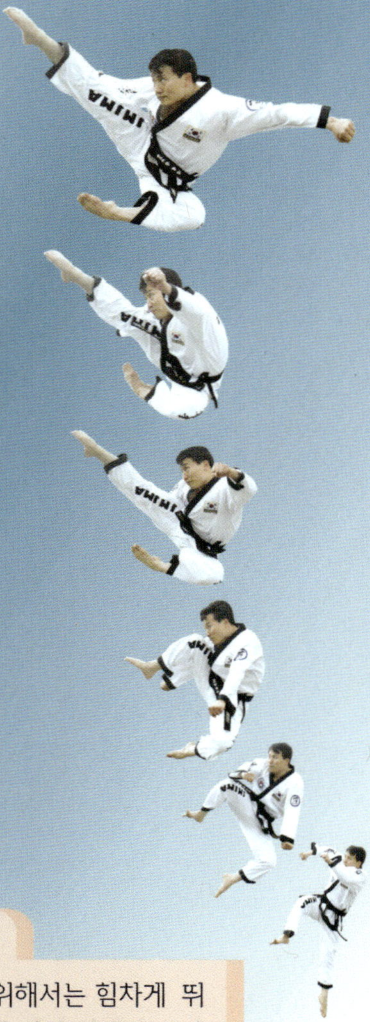

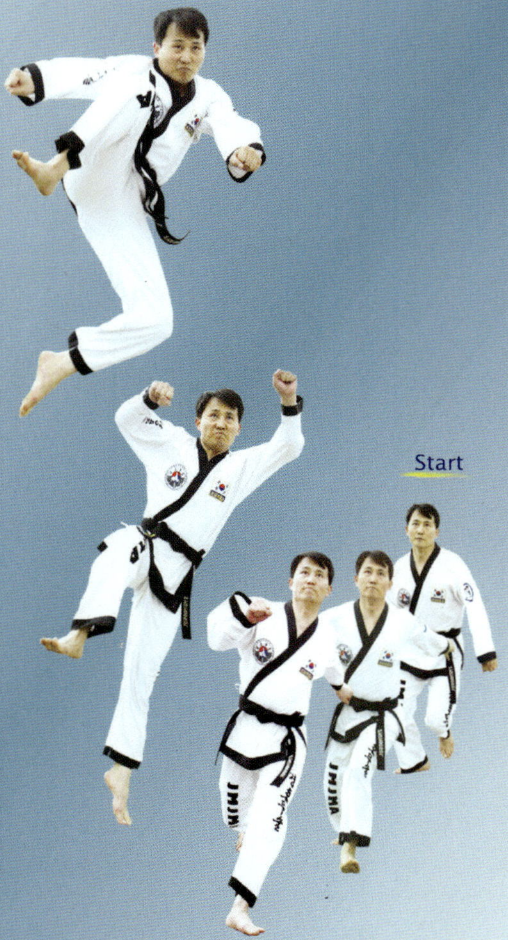

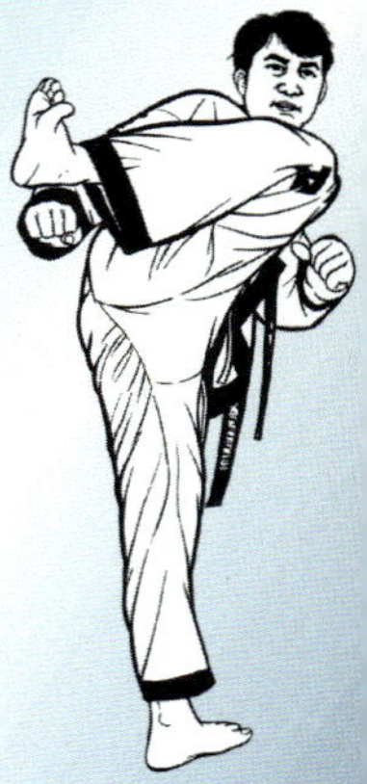

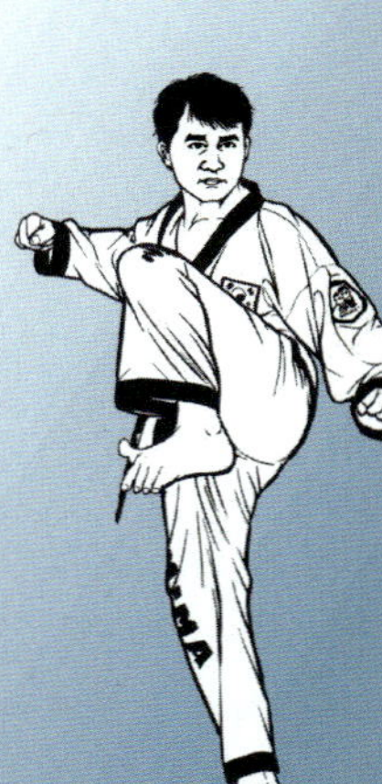

Explanation

우선 높이 도약하기 위해서는 힘차게 뛰어야 하는데, 보다 높이 뛰기 위해서는 발목을 힘차게 뻗는 동시에 앞꿈치 발가락 끝부분에 힘을 집중시켜 밀어 올리는 것이 매우 중요하다. 또한 ,차기하는 발을 도약상태의 정점까지 기다렸다가 뻗어야 도약의 장점을 높일 수 있다.

다음으로는 도약된 상태에서 무릎관절을 뻗어 차는데, 발차기하는 반대의 발을 안으로 접어 당기지 않게 되면 발차기 자세가 흐트러 질 수가 있다.

따라서, 도약시 이를 염두해 두고 반드시 발을 안으로 접을 수 있도록 한다. 만약 안으로 접지 않고 길게 아래로 내려놓은 상태에서 차기를 하는 경우에는 발끝찍어 자세를 유지하기 힘들고 힘있는 발차기를 할 수가 없다. 또한 착지시에는 자세가 매우 불안정할 수가 있다. 따라서 평소 수련시 이점을 특히, 유념하여 연습하도록 한다.

2. 이단 두발모아 발끝찍어차기

Explanation

이단두발모아발끝찍어차기는 이단발끝찍어차기에서 설명한 바와 같이 높게 도약한 후 이단발끝찍어차기의 한발차기와는 달리 두발을 모아 발등부위로 목표물을 찬다. 이단발끝찍어차기에서는 차지 않는 다른 발을 안으로 접었으나, 두다리를 뻗어차야 하기때문에 균형을 유지하기에 고난도의 기술이 요구된다. 특히 착지시에 몸의 중심쪽 발보다 상체가 먼저 지면에 떨어질 가능성이 많기 때문에 도약한 후 발차기 직후 평형을 유지하여 안전하게 착지 하는 것이 중요하다.

이러한 문제를 보완하기 위해서는 단순한 도약보다는 순간 일정한 시간동안 공중에서 앞으로 진행하게 하여 발의 중심이 상체 아래로 기울이도록 하는 기술이 요구된다.

3. 이단옆차기

■Explanation

이단옆차기는 다른 이단차기와 같이 높게 도약하는 것이 중요하다. 그러나 특히 중요한 점은 목표물을 원거리 상태에 놓이게 한 다음 공중에 떠 앞으로 상당한 거리를 날아가도록 해야만 한다. 이렇게 하기 위해서는 발차기 반대발을 이용하여 몸이 앞으로 진행되도록 길게 밀어주는 기술이 요구된다. 특히, 높게, 길게 도약진행되게 하려는 기술은 매우 큰 힘과 순발력이 요구된다고 할 수 있다.

그리고, 몸을 발끝찍어차기와는 달리 상체를 옆으로 틀어 각을 유지해야 하기 때문에 고도로 훈련되지 않으면 완벽한 발차기를 할 수가 없다. 앞서 발끝찍어차기에서 설명한 바와 같이 발차기 반대발이 늘어지지 않도록 안으로 접어 올리도록 주의하도록 한다.

4. 이단 두발모아 옆차기

■Explanation

　이단두발모아옆차기는 이단옆차기와는 달리 두발을 모아 동시에 옆차기를 하는 기술이다. 특히, 이단두발모아옆차기를 하는 이유로는 우선 이단옆차기와는 달리 체중을 최대한 실어 차기 위한 기술이라고 설명할 수 있다. 그러나, 이 또한 안전한 착지가 어려운 기술로서 매우 주의가 요구되는 기술이다. 따라서, 안전한 착지를 위한 특별한 연습이 필요하다.

5. 이단 뒤차기

Explanation

이단뒤차기는 높게 도약하는 순간 몸을 돌려 도약 정점에서 발차기를 구사하는 기술이다. 중요한 점은 이단옆차기와는 달리 공중에서 몸을 회전시켜야 하기 때문에 고도의 평형감각 유지가 요구된다고 할 수 있다. 우선, 안전한 도약과 정확한 목표에 발차기를 하기 위해서는 회전하는 속도와 각도를 목표점에 맞추고 몸을 180° 정확하게 회전시킨 다음, 발을 위로 뻗어찬다. 차지 않는 반대발은 안으로 접는 정도에 따라 발차기의 완성도가 달라진다고 할 수 있다.

6. 두발모아 높이차기

측면

Explanation

두발모아높이차기는 균형유지에 가장 큰 어려움이 있는 특수발차기라고 할 수 있다
우선 이 발차기는 두 무릎을 끌어모아 높이 도약하여 가슴까지 밀착 시킨 다음 힘차게 무릎관절을 뻗어 앞꿈치를 살려 위로 올려 찬다. 허리를 중심으로 다리와 상체를 V자 형태로 자세를 갖추어 유지한 다음 상체를 그대로 유지하고 발을 신속하게 내려 안전하게 착지 하도록 한다.

발을 얼마만큼 신속하게 내리느냐 하는 정도에 따라 안전한 착지 유무가 달라진다고 할 수 있다.

Start

7. 두발 벌려높이차기

Start

경호무술2
호위발차기법

◻ Explanation

두발벌려높이차기는 두발모아높이차기
형태로 도약한 다음 무릎이 가슴에 밀착하
기 직전에 발을 좌우로 벌려 위로 차는 기
술이다. 두발모아높이차기와는 달리 머리
부분을 벌려진 다리사이로 밀착시킬 수 있
기 때문에 균형유지에는 보다 수월하다고
할 수 있다. 그러나, 착지시에는 벌어진 다
리를 신속하게 다시 붙여 착지해야만 하기
때문에 순간 밀착에 필요한 힘이 강해야만
가능하다.

따라서, 순간밀착에 필요한 힘을 기르는
훈련이 특별히 요구된다고 할 수 있다.

213

8. 두발 모아벌려 원그려돌려차기

■Explanation

두발모아벌려원그려돌려차기는 두발모
아높이차기와 동일한 방법으로 도약시킨
다음 벌려차기와 같은 방법으로 발을 좌우
로 힘차게 벌려 높이 찬다. 이후 착지는 두
발벌려높이차기 시와는 달리 밖으로 벌려
원그려 돌린 다음 발을 모아 붙여 착지하
도록 한다.
  이 특수발차기는 차는 원심력을 이용하
여 좌우로 동시에 원그려 밖으로 돌리며 차
는 동작으로서, 고관절확장과 균형등이 크
게 요구되는 특수발차기라고 할 수 있다.
  즉, 시작과 끝이 360°를 유지하여 도약
후 착지하는 기술이다.

9. 이단 좌우 교차차기

▣ Explanation

　이단좌우교차차기는 수직으로 상승도약 후 앞꿈치로 차고, 반대발로는 옆차기 또는 뒤차기 형태로 동시에 좌우측 목표를 향해 발차기 하는 기술이다.

　이 발차기는 수평으로 좌우측면을 각기 다른 발차기 형태로 차야만 하기 때문에 특수 발차기중에 가장 고난도의 발차기라고 할 수 있다.

　우선, 이단좌우교차차기를 위해서는 도약에 필요한 진행 힘이 필요하며, 도약장점에서 순간 몸이 멈추게 한 다음 목표에 발을 뻗어 차는 것이 매우 중요한 핵심기술이라고 할 수 있다.

Explanation

이단점프서서돌려차기는 수직으로 몸을 360° 돌리는 동시에 발을 머리위로 돌려 큰원으로 360° 돌려 차는 기술이다.

물론 목표점에 발이 정확히 위치케 하는 것이 중요한 기술이 된다. 특히, 이 특수발 차기는 뒤꿈치 부분으로 목표를 가격해야 하기 때문에 발목을 L자로 안으로 꺾어 발목의 흔들림이 없이 뒤꿈치가 확실히 고정 되도록 해야 하며, 발을 원형으로 돌리는 동안 무릎이 굽어지거나 접히지 않도록 무릎관절을 곧게 뻗어주는 기술이 매우 중요 하다고 할 수 있다.

11. 발목감아 밀어차기

Explanation

발목감아밀어차기는 좌우족을 이용 걸고, 미는 기술로 되어있다고 할 수 있다.

우선 좌족굽으로 상대의 발목 뒤를 걸어 고정한 다음 우족으로 상대방의 무릎관절 하단부분을 밀어 찬 다음 접근하는 원심력을 이용 자신의 상체를 일으켜 세워 선다. 최초 좌족으로 걸고 우족으로 무릎을 밀어 차는 순간을 제외하고는 좌우족의 발기술이 동시에 이루어지도록 자세를 취하는 것이 중요하다고 할 수 있다.

217

12. 이단 목감아 차기

Explanation

이단특수발차기와 같이 높게 공중으로 도약 후 상대의 목부위에 두다리를 좌우로 엇갈리게 교차시켜 밀착시킨 다음, 체중을 실어 상대방을 앞으로 상체가 기울도록 지면에 착지하는 동시에 몸을 지면에서 360° 돌려 제압하는 기술이다.

이 기술은 발로 상대의 목을 완벽하게 교차시켜 고정한 다음 돌리는 기술이다라고 할 수 있다. 이 기술은 목뿐만아니라 허리, 몸통을 목표로 할 수도 있으며, 그림과 달리 점프하지 않고 아래에서 위로 발을 들어 올려 목을 감아 당겨 돌릴 수도 있다.

경호무술2
호위발차기법

GUARD MILITARY

경호무술

Explanation

발목감아차기는 좌우족을 이용, 걸고, 차고, 돌리는 기술로 되어있다고 할 수 있다. 우선 좌족굽으로 상대의 발목 뒤를 걸어 고정한 후, 우족으로 상대방의 무릎관절 하단부분을 밀어 찬 다음 접근하는 원심력을 이용 자신의 상체를 일으켜 세워 선다.

최초 좌족으로 걸고 우족으로 무릎을 밀어차는 순간을 제외하고는, 좌우족의 발기술이 동시에 이루어지도록 자세를 취하는 것이 중요하다고 할 수 있다.

GUARD MILITARY

5. 전환선법 발차기법

전환선법 발차기법 의의   MEANING

전환선법발차기는 모든 발차기법의 어머니라고 할 수 있다.

발차기의 생명은 변화하는 상황에 즉흥적으로 변화하여 거리, 각도, 스피드, 힘등이 순간 융합될 때만이 최상의 발차기가 이루어 질 수 있다.

따라서, 발차기이전에 모든 상황이 적절히 예비단계에서 준비되어야만 한다. 이같은 준비는 바로 평교, 평전, 전방전환, 전진전환, 대각평후, 평선, 반앞전환, 반원전환, 전환법, 4방전환, 8방전환 등과 같이 잘 짜여진 전환선법을 이용할 때 원하는 위치, 각도, 타이핑에 맞는 힘있는 발차기가 가능하다. 전환선법발차기 수련은 기본 단식발차기와는 달리 전환선법을 이용한 발차기로서 발차기전 원거리 또는 불안정한 각도를 조정하기 위해 우선 전환이나 위치이동한 다음 공방상황에 따라 필요 적절한 발차기를 구사하는 것을 말한다. 전환선법발차기는 발차기전 상대로부터 역습 받지 않도록 빠른 위치이동과 전환이 요구되며, 전환시에 일어날 수 있는 신체균형의 불안전성에 특히 유의해야 하는 발차기다. 앞서 말한바와 같이 전환선법을 이용하여 기본단식발차기와 복식발차기, 특수 발차기등을 적용하여 발차기를 하는 것을 전환선법발차기라고 한다.

(1) 전환선법발차기 (단식발차기18개동작 기본실시)

1) **평교앞차기**   옆차기, 발끝찍어차기, 내외발끝찍기, 안다리돌려차기, 바깥다리돌려차기등..

2) **평교앞전환앞차기**   뒤차기, 옆차기, 족장밀어차기, 앉아돌려차기, 바깥다리돌려차기등..

3) **평교뒷전환앞차기**   뒤꿈치대각내려찍어차기, 뒤차걸어돌려차기, 무릎대각올려차기등..

4) **평전(전방)앞차기**   뒤꿈치대각내려찍어차기, 뒤차걸어돌려차기, 무릎대각올려차기등..

5) **평후(후방)앞차기**   서서돌려차기, 족장밀어차기, 앉아돌려차기, 뒤차걸어돌려차기등..

6) **평전교(A형)앞차기**   뒤차기, 옆차기, 족장밀어차기, 앉아돌려차기, 뒤차걸어돌려차기등..

7) **평전교(B형)앞차기**   뒤꿈치대각내려찍어차기, 족장밀어차기, 옆차걸어돌려차기등..

8) **평후교(A형)앞차기**   옆차걸어돌려차기, 앉아돌려차기, 서서돌려차기, 뒤차걸어돌려차기등..

9) **평후교(B형)앞차기**   뒤꿈치대각내려찍어차기, 뒤차걸어돌려차기, 앉아돌려차기, 뒤차기등..

10) **평좌교(A형)앞차기**   뒤꿈치대각내려찍어차기, 뒤차걸어돌려차기, 무릎대각올려차기등..

11) **평좌교(B형)앞차기**   뒤차기, 옆차기, 족장밀어차기, 앉아돌려차기, 바깥다리돌려차기등..

12) **평우교(A형)앞차기**   옆차기, 앉아돌려차기, 서서돌려차기, 무릎대각올려차기, 뒤차기등..

13) **평우교(B형)앞차기**   옆차기, 안다리돌려차기, 족장밀어차기, 바깥다리돌려차기, 뒤차기등..

14) **대각평전(후)앞차기**   뒤차기, 족장밀어차기, 앉아돌려차기, 바깥다리돌려차기등..

15) **대각원바꿔앞전환(A형)앞차기**   뒤꿈치대각내려찍어차기, 서서돌려차기, 옆차기등..

16) **대각원바꿔앞전환(B형)앞차기**   뒤차기, 옆차기, 족장밀어차기, 바깥다리돌려차기..

17) **대각앞반원바꿔뒷전환앞차기**   뒤차기, 족장밀어차기, 앉아돌려차기, 바깥다리돌려차기등..

18) **대각평후앞반원바꿔뒷전환앞차기**   뒤차기, 족장밀어차기, 앉아돌려차기, 바깥다리돌려차기등..

19) **대각평후앞반원바꿔앞전환앞차기**　안다리돌려차기, 족장밀어차기, 바깥다리돌려차기등..

20) **후방대각평후앞차기**　뒤꿈치대각내려찍어차기, 족장밀어차기, 옆차걸어돌려차기등..

21) **후방대각앞반원바꿔(앞)전화앞차기**　족장밀어차기, 앉아돌려차기, 바깥다리돌려차기등..

22) **대각반원뒷전환앞반원바꿔앞전환앞차기**　뒤꿈치대각내려찍어차기, 뒤차걸어돌려차기등..

23) **평선(A형)앞차기**　뒤차기, 족장밀어차기, 앉아돌려차기, 바깥다리돌려차기, 옆차기등..

24) **평선(A형)앞차기**　옆차기, 안다리돌려차기, 족장밀어차기, 바깥다리돌려차기, 뒤차기등..

25) **반앞전환앞차기**　뒤꿈치대각내려찍어차기, 서서돌려차기, 무릎대각올려차기, 옆차기등..

26) **반뒷전환앞차기**　뒤차기, 족장밀어차기, 앉아돌려차기, 뒤차걸어돌려차기, 옆차기등..

27) **후방반앞전환앞차기**　옆차기, 안다리돌려차기, 족장밀어차기, 바깥다리돌려차기등..

28) **후방반뒷전환앞차기**　안다리돌려차기, 족장밀어차기, 바깥다리돌려차기, 옆차기등..

29) **반원앞전환(A형)앞차기**　뒤차기, 족장밀어차기, 앉아돌려차기, 바깥다리돌려차기등..

30) **반원앞전환(B형)앞차기**　뒤꿈치대각내려찍어차기, 서서돌려차기, 무릎대각올려차기등..

31) **반원뒷전환앞차기**　뒤차기, 족장밀어차기, 앉아돌려차기, 바깥다리돌려차기, 옆차기등..

32) **반원뒷전환평선앞차기**　옆차기, 안다리돌려차기, 족장밀어차기, 바깥다리돌려차기등..

33) **앞반앞전환앞차기**　앉아돌려차기, 서서돌려차기, 무릎대각올려차기, 뒤차기, 옆차기등..

34) **앞반뒷전환앞차기**　족장밀어차기, 앉아돌려차기, 바깥다리돌려차기, 옆차기등..

35) **앞반원앞전환앞차기**　안다리돌려차기, 족장밀어차기, 바깥다리돌려차기, 옆차기등..

36) **앞반원뒷전환(A형)앞차기**　옆차기, 서서돌려차기, 무릎대각올려차기, 뒤차기등..

37) **앞반원뒷전환(B형)후반원앞전환앞차기**　서서돌려차기, 무릎대각올려차기등..

38) **반원바꿔앞전환앞차기**　뒤꿈치대각내려찍어차기, 뒤차걸어돌려차기, 무릎대각올려차기등..

39) **반원바꿔앞전환평선앞차기**　뒤꿈치대각내려찍어차기, 서서돌려차기, 무릎대각올려차기등..

40) **앞반원바꿔앞전환**　안다리돌려차기, 족장밀어차기, 바깥다리돌려차기, 옆차기등..

41) **앞반원바꿔앞전환평선앞차기**　뒤꿈치대각내려찍어차기, 서서돌려차기, 무릎대각올려차기등..

42) **전방반원앞전환앞차기**　앉아돌려차기, 서서돌려차기, 무릎대각올려차기, 뒤차기등..

43) **전방반원뒷전환앞차기**　옆차기, 안다리돌려차기, 족장밀어차기, 바깥다리돌려차기등..

44) **후방반원앞전환앞차기**　뒤꿈치대각내려찍어차기, 서서돌려차기, 무릎대각올려차기등..

45) **후방반원뒷전환앞차기**　안다리돌려차기, 족장밀어차기, 바깥다리돌려차기, 뒤차기등..

46) **전방반원바꿔앞전환앞차기**　뒤차기, 족장밀어차기, 앉아돌려차기, 바깥다리돌려차기등..

47) **전방앞반원바꿔앞전환앞차기**　뒤꿈치대각내려찍어차기, 뒤차걸어돌려차기, 옆차기등..

48) **후방반원바꿔앞전환앞차기**　옆차기, 앉아돌려차기, 서서돌려차기, 무릎대각올려차기등..

49) **후방앞반원바꿔앞전환앞차기**　뒤차기, 족장밀어차기, 앉아돌려차기, 바깥다리돌려차기등..

50) **후방앞반원바꿔앞전환후반원앞전환앞차기**　족장밀어차기, 바깥다리돌려차기, 뒤차기등..

51) **전환법앞차기**　뒤차기, 족장밀어차기, 앉아돌려차기, 뒤차걸어돌려차기, 옆차기등..

52) **전환선법앞차기**   뒤차기, 족장밀어차기, 앉아돌려차기, 뒤차걸어돌려차기, 옆차기등..

53) **전진전환법앞차기**   앉아돌려차기, 서서돌려차기, 무릎대각올려차기, 뒤차기, 옆차기등..

54) **좌우전진전환선법앞차기**   앉아돌려차기, 서서돌려차기, 무릎대각올려차기, 뒤차기, 옆차기등..

55) **4방전환법(A형)앞차기**   뒤차기, 족장밀어차기, 앉아돌려차기, 뒤차걸어돌려차기, 옆차기등..

56) **4방전환법(B형)앞차기**   뒤차기, 족장밀어차기, 앉아돌려차기, 뒤차걸어돌려차기, 옆차기등..

57) **4방전환법(C형)앞차기**   뒤차기, 족장밀어차기, 앉아돌려차기, 뒤차걸어돌려차기, 옆차기등..

58) **8방전환법앞차기**   안다리돌려차기, 족장밀어차기, 바깥다리돌려차기, 뒤차기등..

59) **좌우전환법앞차기**   앉아돌려차기, 서서돌려차기, 무릎대각올려차기, 뒤차기, 옆차기등..

60) **평후전법앞차기**   뒤차기, 족장밀어차기, 앉아돌려차기, 뒤차걸어돌려차기, 옆차기등..

전환선법 그림설명

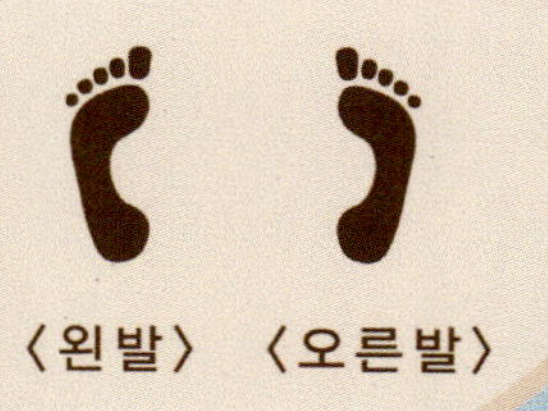

〈왼발〉 〈오른발〉

〈진행순서 컬러〉

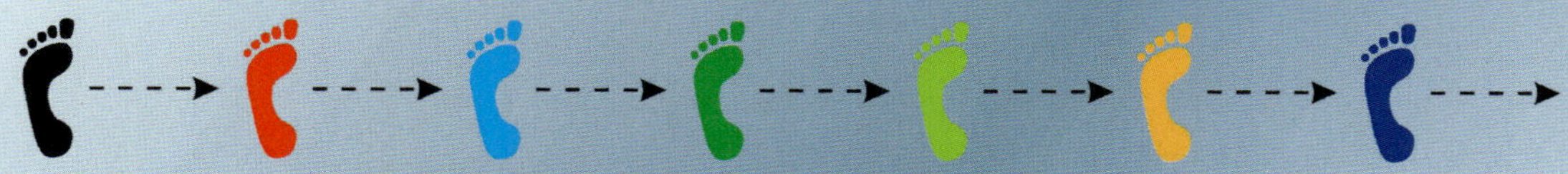

진행방향표시

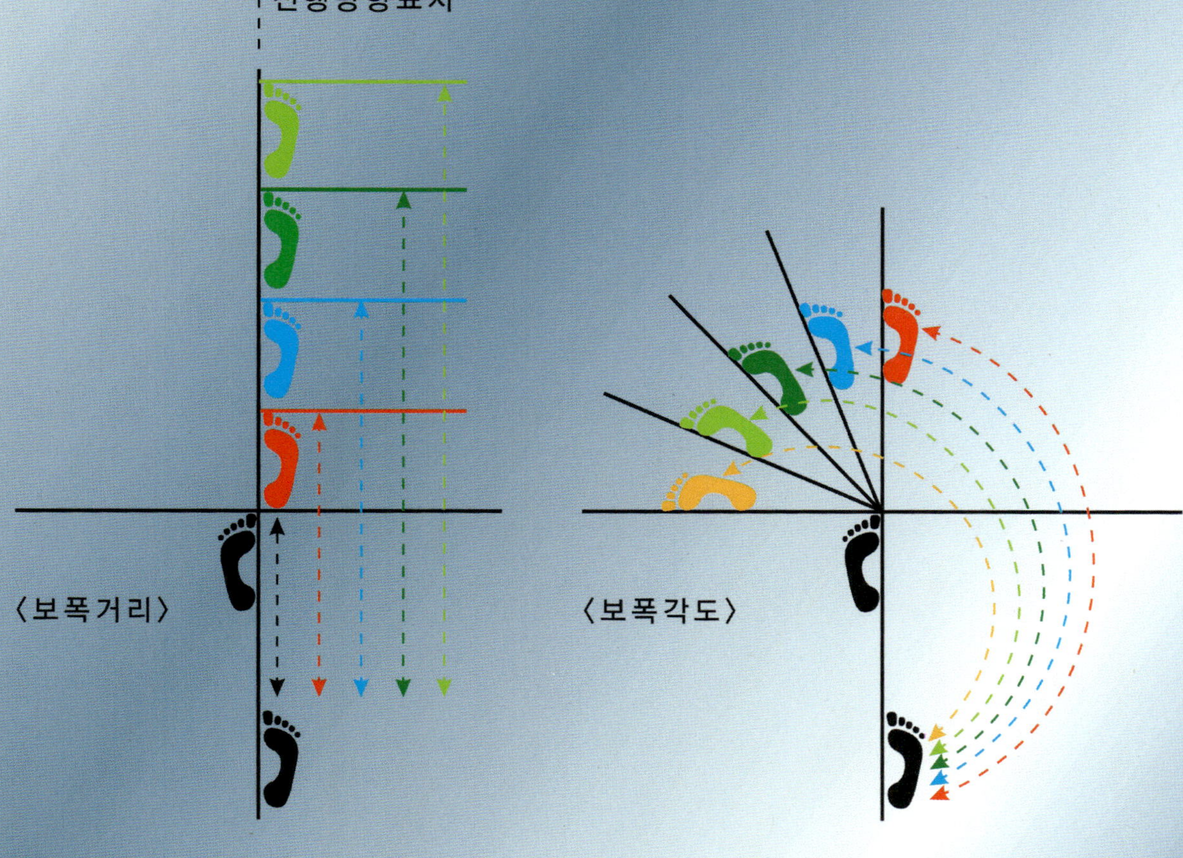

〈보폭거리〉   〈보폭각도〉

Explanation

　전환선법은 보폭거리 및 각도를 위 그림과 같이 자유롭게 전 후로 조정하여 필요한 거리, 각도를 실시할 수 있도록 한다.

225

GUARD MILITARY

경호무술

1　평 교

2　평교앞전환

3 평교뒷전환

4 평전(전방)

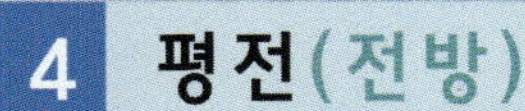

5 평후(후방)

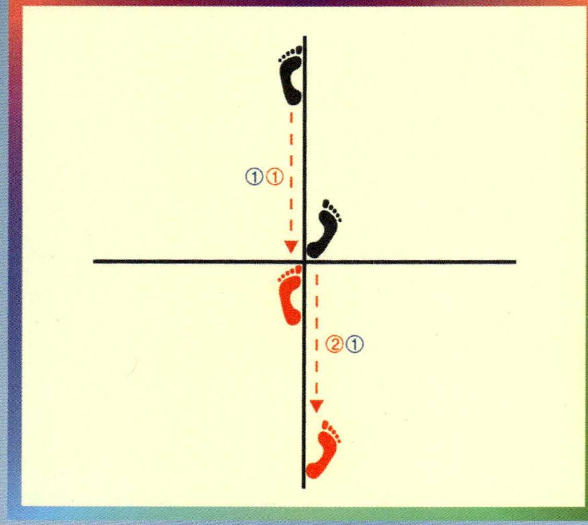

6 평전교(A형)

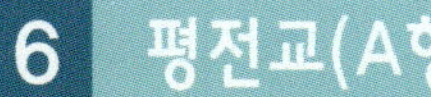

7 평전교(B형)

GUARD MILITARY

경호무술

8 평후교(A형)

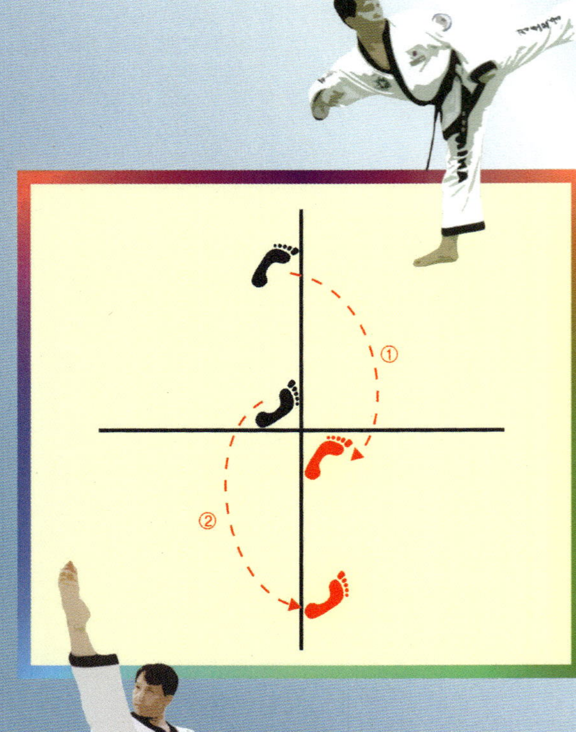

9 평후교(B형)

10 평좌교(A형)

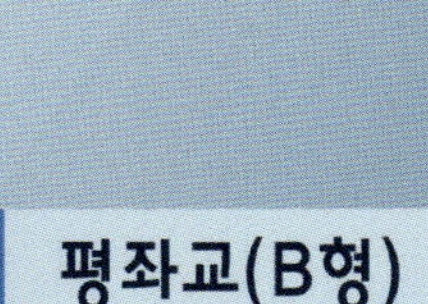

11 평좌교(B형)

12 평우교(A형)

13 평우교(B형)

14 대각평후 「전·후방」

15 대각반원바꿔앞전환(A형)

16 대각반원바꿔앞전환(B형)

17 대각앞반원바꿔뒷전환

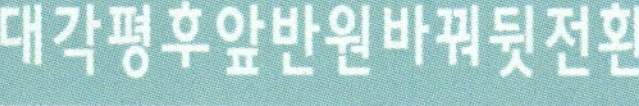
18 대각평후앞반원바꿔뒷전환

①
②
③
④
⑤

19 대각평후앞반원바꿔앞전환

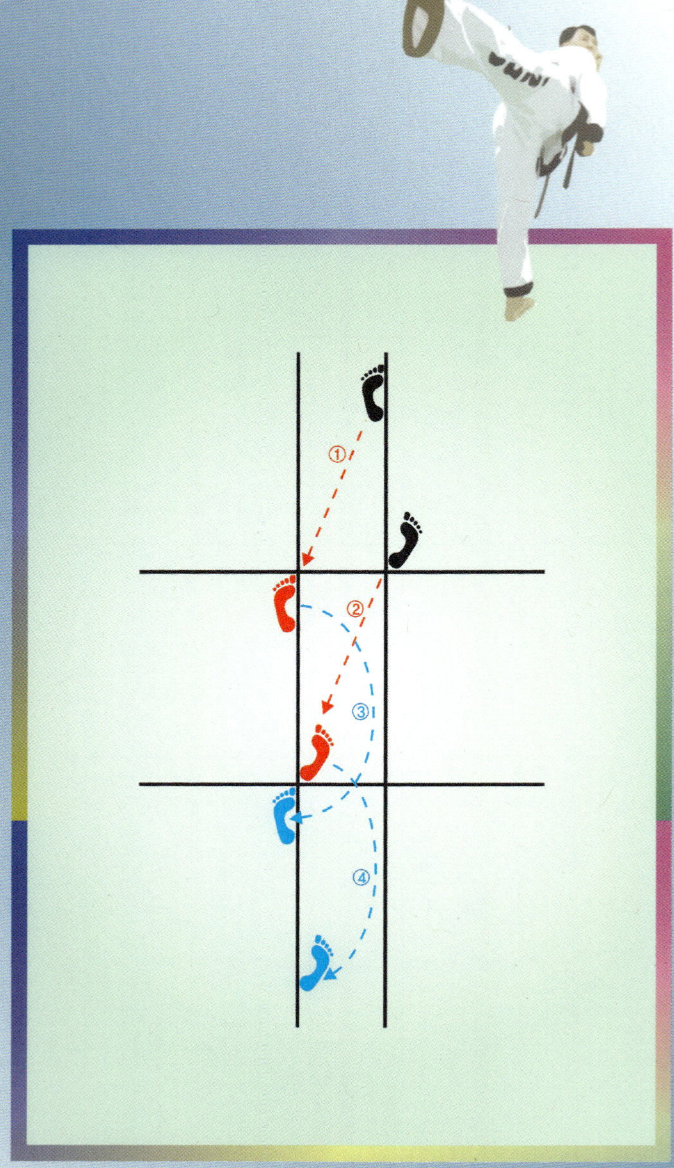

21 후방대각앞반원바꿔뒷(앞)전환

경호무술

23 평선（A형）

24 평선（B형）

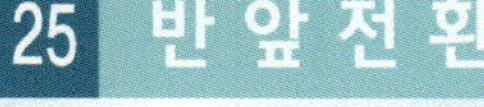
25 반앞전환

②
①

26 반뒷전환

②
①

27 후방반앞전환

28 후방반뒷전환

29 반원앞전환(A형)

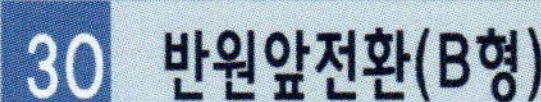

30 반원앞전환(B형)

31 반원뒷전환

32 반원뒷전환평선

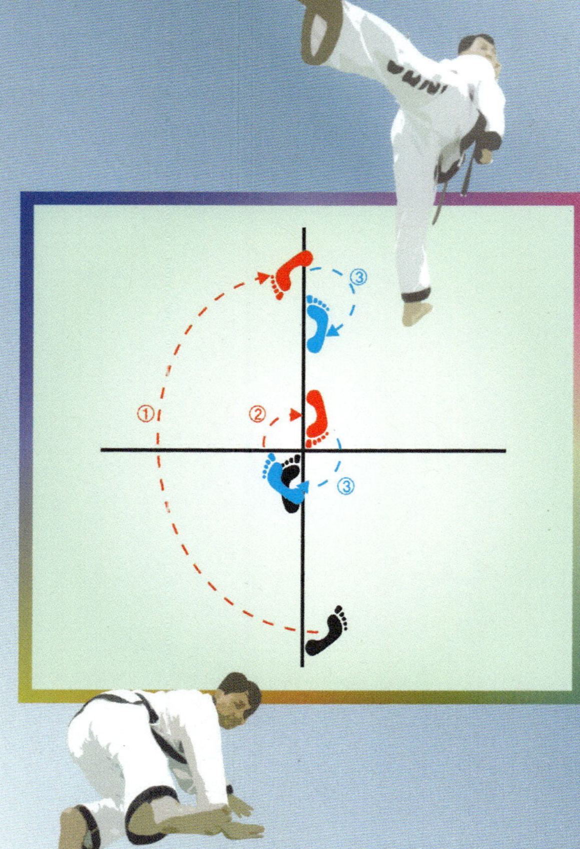

33 앞반앞전환

34 앞반뒷전환

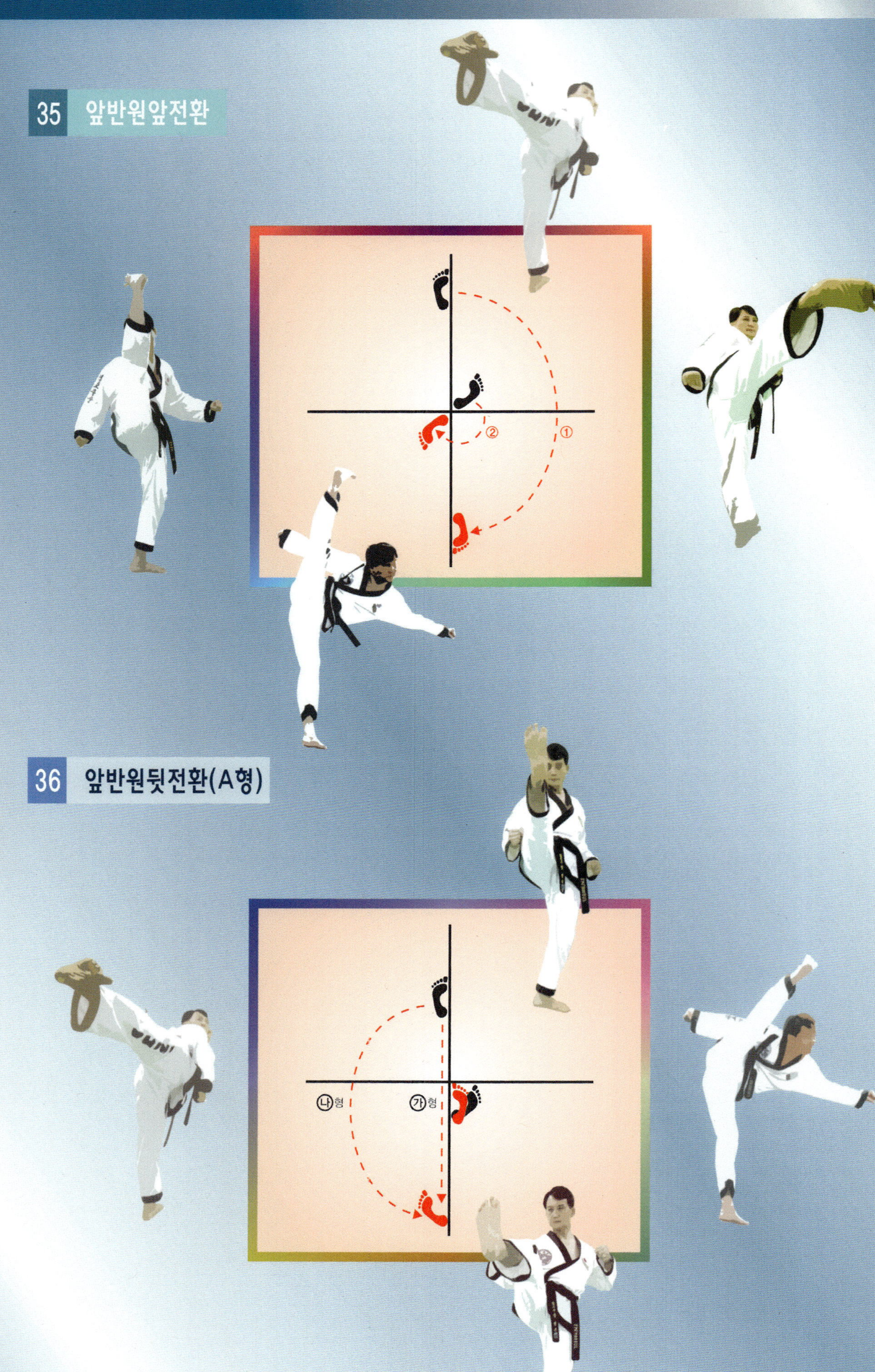
35 앞반원앞전환
②
①
36 앞반원뒷전환(A형)
나형
가형

39 반원바꿔앞전환평선

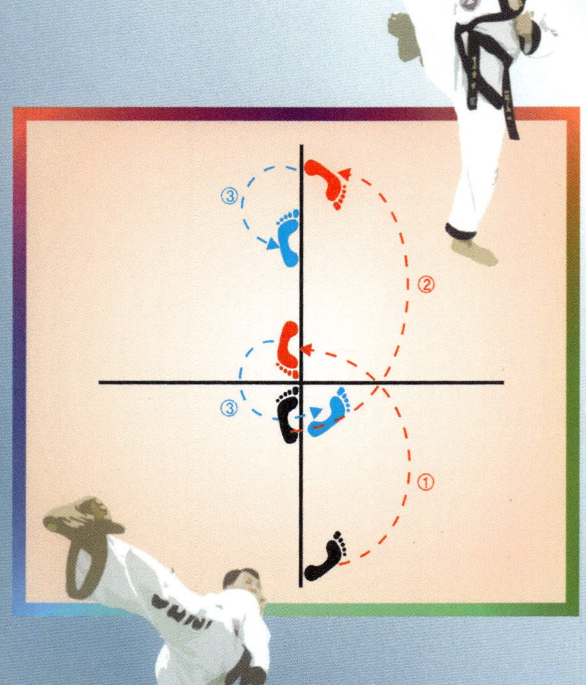

40 앞반원바꿔앞전환

41 앞반원바꿔앞전환평선

42 전방반원앞전환

43 전방반원뒷전환

44 후방반원앞전환

45 후방반원뒷전환

46 전방반원바꿔앞전환

47 전방앞반원바꿔앞전환

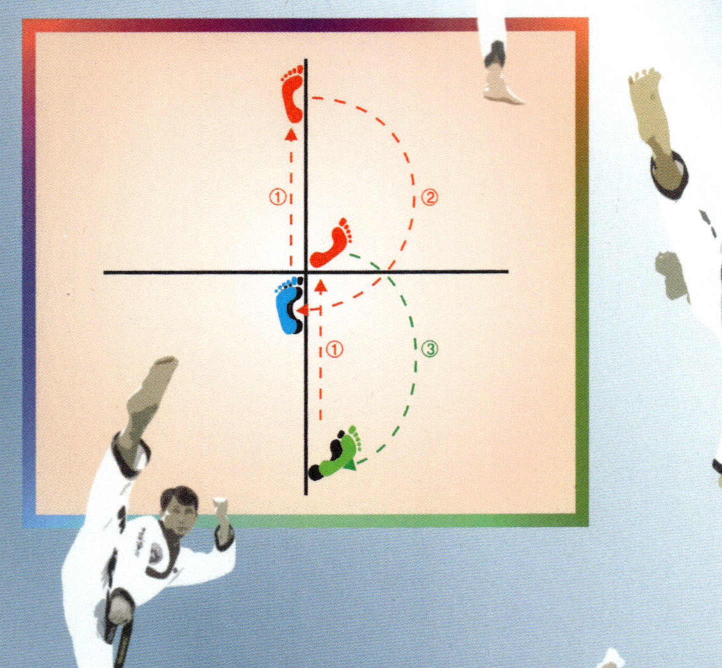

48 후방반원바꿔앞전환

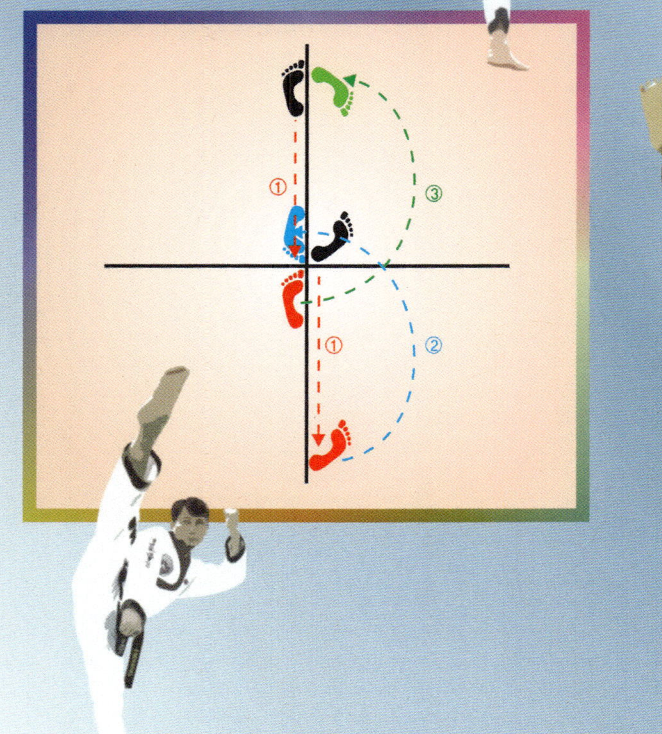

GUARD MILITARY

경호무술

51 전환법

52 전환선법

53 전진전환법

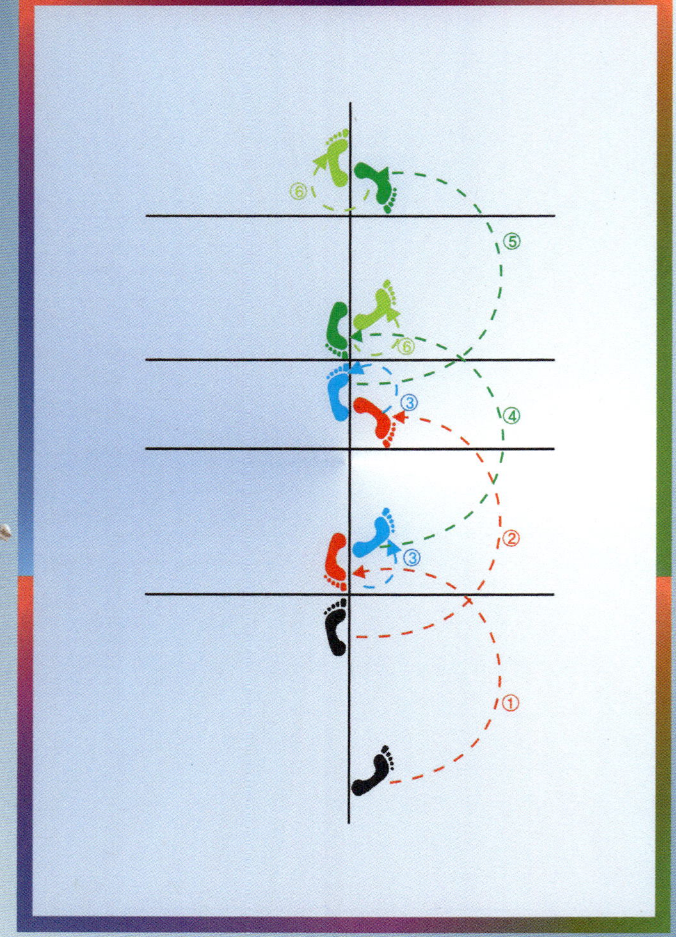

54　좌우전진전환법

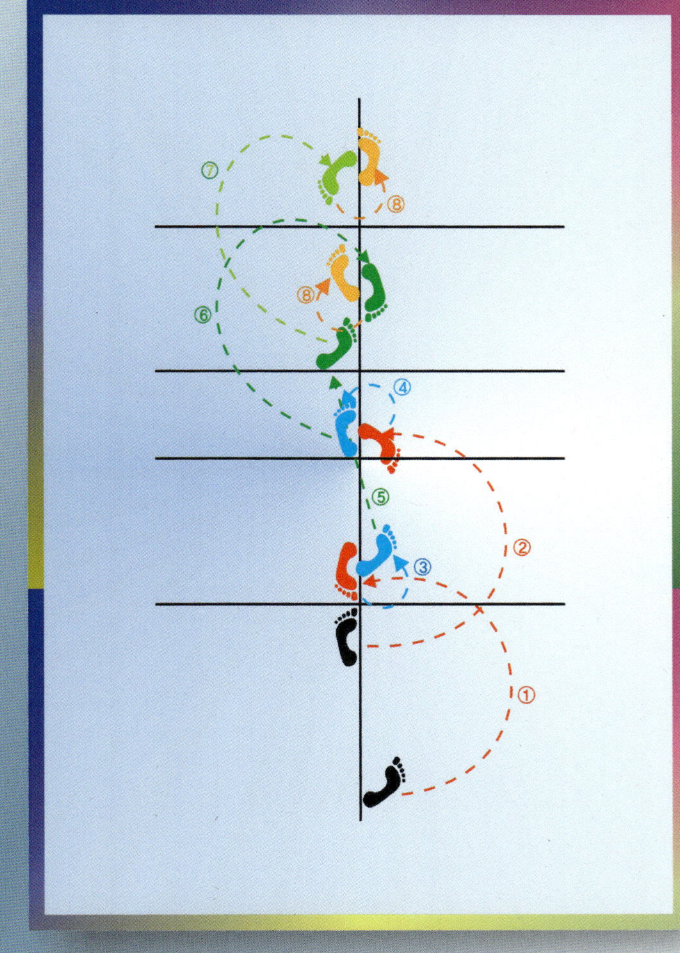

55　4방전환법（A형）

56 4방전환법(B형)

57 4방전환법(C형)

58   8방전환법

59 좌우전환법

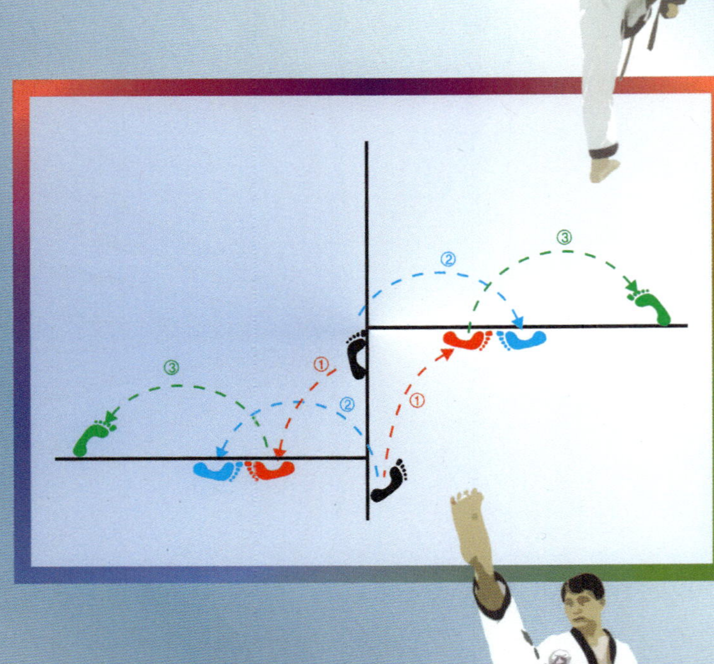

60 평후전법

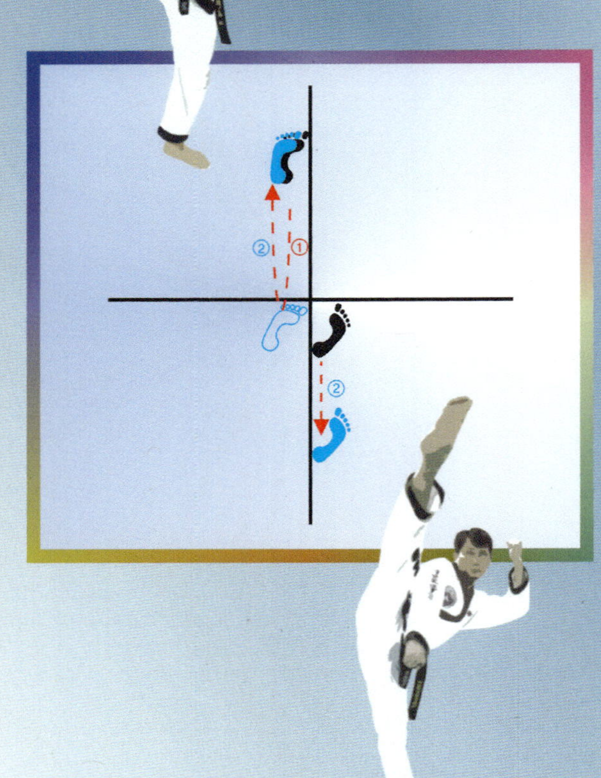

6. 호위 발차기법

호위발차기법 의의

MEANING

　호위발차기란 단식발차기, 복식발차기, 전환선법발차기, 특수발차기를 이용하여 경호대상을 중심으로 한 상대의 공격을 가상하고 경호대상을 상대로부터 거리를 이격시키거나, 공격각도를 이격시키면서 상대의 신체를 가격하는 발차기 기술이다.

　호위발차기는 경호대상의 안전을 최우선적으로 취하는 것이 원칙이며, 호위낙선법과 호위특기술법등을 혼용하여 경호대상을 잡아당기거나, 밀치거나 하는 기술등을 사용하는 것이 특히, 중요하다고 할 수 있다.

족장 밀어차기

옆차기

뒤꿈치 걸어돌려차기

뒤꿈치 원그려돌려차기

앞차기

뒤차기

서서돌려차기

발목감아차기

무릎대각올려차기

발등 반달 내려찍어차기

경호무술 용어해설

경호무술 : 자기 자신을 포함하여 경호 대상에 대하여 가해져 오는 공격으로부터
　　　　신체 및 생명을 보호해주는 호위호신무술.
경호 : 경호대상자의 신변에 직접 또는 간접적으로 가해지는 신체 및 생명 위협을
　　　방지하고, 제거하기 위해 경호활동에 필요한 정보, 첩보수집 및 인원, 장비 운
　　　영을 통한 경계활동까지를 포함하여 경호대상의 안전을 도모하는 것.
무술 : 손 발등의 신체부위 또는 무기를 이용하여 신법, 두법, 수법, 족법, 무법 등
　　　으로 체계화된 공방기술로 수련하는 격투기술 .
경호대상자 : 일신상의 이유로 신변보호를 받아야할 대상으로 지정된 인물(사람).
경호환경 : 경호 대상에 대한 모든 위험요소로부터 안전 유무를 확인하고 필요한
　　　대책을 통한 환경을 확보하는 것.
원복 : 무술원에서 입는 단체복(유니폼)

1. 호위발차기법 용어 해설

발차기 : 무릎, 정강이, 발목, 발등, 발의 앞뒤부위, 발바닥 부위에 힘을 집중하여
　　　상대에게 가격을 가하기 위해 다리를 들어 올려 다양하게 차는 기술.
발차기법 : 발의 자세를 상대방을 공격하기 위해 일정한 기법으로 체계화된 기술.
단식발차기 : 한발을 이용하여 1회만 차는 동작.
단식발차기법 : 18가지 발차기로 체계화되어 이루어진 것으로 모든 발차기의 기본이
　　　된다. 특징은 동작이 크기 때문에 유연성증대, 근력증대, 지구력증대, 평형감각증대,
　　　순발력증대에 크게 도움이 된다. 공격 시에는 주로 중, 상부위를 목표로 찬다.
중단발차기 : 상대의 몸통을 공격하는 발치기술로 주로 몸통에 타격을 가함.
상단발차기 : 상대의 가슴위 얼굴을 공격하는 발차기술. 주로 얼굴 머리에 타격을 가함.
응용단식발차기 : 스스로 착안해서 구현하는 외기술 발차기로서 높낮이와 방향 또는
　　　자세를 달리 하여 차는 단식 발차기.
뒤꿈치차올리기 : 발목을 유지한 상태에서 발바닥이 위로 보이게 다리를 머리 위로
　　　무릎을 펴서 높이차는 차는 기술.
족도차올리기 : 족도를 유지한 상태에서 발바닥이 위로 보이게 다리를 머리 위로
　　　무릎을 펴서 높이차는 차는 기술.
안다리차돌리기 : 밖에서 안으로 큰 원으로 돌려 차는 기술.
바깥다리차돌리기 : 안에서 밖으로 큰 원으로 돌려 차는 기술.
발끝찍어차기 : 발등 평족장으로 외서내로 무릎을 들어 올려 대각으로 힘차게 뻗어 차는 기술.
내서외로발끝찍어차기 : 발등 평족장으로 내서외로 무릎을 들어 올려 대각으로 힘차게
　　　뻗어 차는 기술.
뒷꿈치대각내려찍어차기 : 뒤꿈치로 측전상방으로 발을 뻗었다가 무릎을 접어 차는 기술.

옆차기 : 족도로 허리 측면수평으로 다리를 접는 동시에 무릎을 힘차게 뻗어 차는 기술.

뒷꿈치걸어돌려차기 : 뒤꿈치로 측면수평으로 다리를 접는 동시에 무릎을 힘차게 뻗어 원으로 돌려 걸어차는 기술.

앞발옆차기 : 뒷발을 앞으로 교차(평전교B)하여 전진해 앞발 족도로 허리 측면수평으로 다리를 접는 동시에 무릎을 힘차게 뻗어 차는 기술.

뒷꿈치원그려돌려차기 : 뒤발을 앞으로 교차(평전교B)하여 전진해 앞발을 곧게 펴 안에서 밖으로 큰 원형으로 돌려 차는 기술.

앞차기 : 발을 들어 접혀진 발을 동시에 직 곡선으로 뻗으면서 발의 앞 부위로 차는 기술.

족장밀어차기 : 발을 들어 접혀진 발을 동시에 직선으로 뻗으면서 발의 바닥 부위로 차는 기술.

뒤차기 : 평선으로 몸을 돌려 다리를 직선 뒤로 들고 족도로 허리 측면수평으로 다리를 접는 동시에 무릎을 힘차게 뻗어 차는 기술.

서서돌려차기 : 평선으로 몸을 돌리고 발을 곡선 뒤로 들어 올려 다리를 360° 회전시켜 뒤꿈치로 차는 기술

앉아돌려차기 : 평선으로 몸을 돌려 전교자세로 자세를 낮추는 동시에 발을 곡선 뒤로 돌려 다리를 360° 회전시켜 뒤꿈치로 차는 기술 이때 무릎이 지면에 닿지 않도록 주의한다.

무릎대각올려차기 : 양손으로 상대를 붙잡아 당기며 다리를 무릎굽장으로 올려 차는 기술.

발등반달내려찍어차기 : 다리를 안다리 돌려차기처럼 밖에서 안으로 들어올리는 동시에 상체를 180° 돌려 발등이 지면을 향하도록 한 상태에서 수직으로 내려 차는 기술.

하단발차기법 : 11가지 하단 발차기로 체계화되어 이루어진 기술.

하단발차기 : 상대의 하체를 공격하는 발차기술로 주로 무릎아래부위에 타격을 가함.

응용하단발차기 : 스스로 착안해서 구현하는 외기술 발차기로서 높낮이와 방향 또는 자세를 달리 하여 차는 하단 발차기.

하단족기지르기 : 무릎아래를 발 내측 측면으로 직선으로 차거나 밟는 기술.

하단족기차돌리기 : 무릎아래를 발 내측 뒤꿈치로 안에서 밖으로 원으로 돌려 차는기술 .

하단발끝찍기 : 무릎아래를 발등으로 밖에서 안으로 굽혀진 무릎을 힘차게 뻗으며 차는 기술.

하단내서외로발끝찍기 : 무릎아래를 발등으로 내에서 밖으로 굽혀진 무릎을 힘차게 뻗으며 차는 기술.

하단뒷꿈치대각내려찍기 : 뒤꿈치로 측면 대각수평으로 다리를 접는 동시에 무릎을 힘차게 뻗어 원으로 돌려 걸어차는 기술.

하단앞차기 : 무릎아래를 앞굽족장으로 다리를 구부리는 동시에 무릎을 힘차게 뻗어 직선으로 차는 기술.

하단옆차기 : 무릎아래를 족도로 대각 측면수평으로 다리를 접는 동시에 무릎을 힘차게 뻗어 차는 기술.

하단걸어돌려차기 : 무릎아래를 발목을 유지한 상태에서 뒤꿈치로 대각 측면수평으로 다리를 접는 동시에 무릎을 힘차게 뻗어 원으로 돌려 차는 기술.

하단족도차돌리기 : 무릎아래를 족도로 밖에서 안으로 원으로 돌려 차는 기술.

하단뒤차기 : 평선으로 몸을 돌려 다리를 직선 뒤로 들고 족도로 대각 측면수평으로 다리를 접는 동시에 무릎을 힘차게 뻗어 차는 기술.

하단뒤차걷어돌려차기 : 평선으로 몸을 돌려 다리를 대각 직선 뒤로 뻗는 동시에 원으로 돌려 다리를 접어 뒤꿈치로 차는 기술.

호위발차기법수련단계 : 호위발차기 수련체계에 따라 유급 또는 유단 수련자의 수련기간 및 수준에 따라 지도하고 익히는 과정.

복식발차기법 : 2회 연속으로 차는 발차기술.

복식발차기 : 한발(일족)을 이용해 같은 발차기 기술로 2회 연속으로 차는 기술.

혼용복식발차기 : 한발을 이용해 서로 다른 발차기 기술로 2회 연속으로 차는 기술.

좌우족복식발차기법 : 양발을 이용해 한번씩 번갈아 차 2회 연속으로 차는 기술.

좌우족혼용복식발차기 : 양발을 이용해 서로 다른 발차기기술로 번갈아 차 2회 연속으로 차는 기술.

하단복식발차기 : 무릎아래를 한발을 이용하여 차는 기술.

하단복식발차기법 : 하단발차기(11개)를 순서대로 각 2회씩 연속 차는 기술.

혼용하단복식발차기 : 한발을 이용해 하단발차기 순서를 혼용해 각1회씩 2회 연속으로 차는 기술.

좌우족하단복식발차기 : 양발을 이용해 하단발차기를 순서대로 한번씩 번갈아 차 2회 연속으로 차는 기술.

좌우족혼용하단복식발차기 : 양발을 이용해 하단발차기 순서를 혼용해 좌우발로 한번씩 번갈아 차 2회 연속으로 차는 기술.

상하단결합복식발차기 : 한발을 이용해 하단발차기를 먼저차고 다른 발로 이어서 기본단식발차기를 연결해 2회 연속으로 차는 기술.

상하단결합좌우복식발차기 : 한발을 이용해 기본단식발차기를 먼저차고 다른 발로 이어서 하단기본단식발차기를 연결해 2회 연속으로 차는 기술 .

응용복식발차기 : 스스로 착안해서 구현하는 외기술 발차기로서 높낮이와 방향 또는 자세를 달리 하여 차는 기술.

이방복식발차기법 : 서로 다른 두 방향으로 연속으로 차는 발차기술로서 한발을 이용하는 방법과 양발을 이용하는 방법으로 구분된 기술.

하단이방복식발차기 : 하단발차기로 이방 복식발차기를 차는 발차기술.

이방전측(측전)복식발차기 : 한발로 하단, 단식 발차기를 전방을 차고 연이어 측방을 차는 발차기. 측전으로 방향을 정 하여 차는 기술.

이방전측혼용복식발차기 : 한발로 하단, 단식 발차기의 순서를 혼용하거나 하상(상하)단으로 결합 혼용하여 전방을 차고 연이어 측방을 차는 발차기. 측전으로 방향을 정하여 차는 기술.

이방전후(후전)복식발차기 : 한발로 하단, 단식 발차기를 전방을 차고 연이어 후방을 차는 발차기. 후전으로 방향을 정 하여 차는 기술.

이방전후혼용복식발차기 : 한발로 하단, 단식 발차기의 순서를 혼용하거나 하상단으로 결합 혼용하여 전방을 차고 연이어 후방을 차는 발차기. 후전으로 방향을 정 하여 차는 기술.

이방좌우(우좌)측복식발차기 : 한발로 하단, 단식 발차기를 좌측을 차고 연이어 우측을 차는 발차기. 우측먼저 연이어 좌측으로 방향을 정하여 차는 기술.

이방좌우측혼용복식발차기 : 한발로 하단, 단식 발차기의 순서를 혼용하거나 하상단으로 결합 혼용하여 좌측을 차고 연이어 우측을 차는 발차기. 우측먼저 연이어 좌측으로 방향을 정하여 차는 기술.

이방측후(후측)복식발차기 : 한발로 하단, 단식 발차기를 측방을 차고 연이어 후방을 차는 발차기. 후측으로 방향을 정하여 차는 기술.

이방측후혼용복식발차기 : 한발로 하단, 단식 발차기의 순서를 혼용하거나 하상단으로 결합 혼용하여 측방을 차고 연이어 후방을 차는 발차기. 후측으로 방향을 정하여 차는 기술.

이방전측(측전)좌우족복식발차기 : 양발로 하단, 단식 발차기를 전방을 차고 연이어 다른 발로 측방을 차는 발차기. 측전으로 방향을 정하여 차는 기술.

이방전측좌우족혼용복식발차기 : 양발로 하단, 단식 발차기의 순서를 혼용하거나 하상(상하)단으로 결합 혼용하여 전방을 차고 연이어 다른 발로 측방을 차는 발차기. 측전으로 방향을 정하여 차는 기술.

이방전후(후전)좌우족복식발차기 : 양발로 하단, 단식 발차기를 전방을 차고 연이어 다른 발로 후방을 차는 발차기. 후전으로 방향을 정하여 차는 기술.

이방전후좌우족혼용복식발차기 : 양발로 하단, 단식 발차기의 순서를 혼용하거나 하상(상하)단으로 결합 혼용하여 전방을 차고 연이어 다른 발로 후방을 차는 발차기. 후전으로 방향을 정하여 차는 기술.

이방좌우측좌우족복식발차기 : 양발로 하단, 단식 발차기를 좌측을 차고 연이어 다른 발로 우측를 차는 발차기. 우측먼저 연이어 좌측으로 방향을 정하여 차는 기술.

이방좌우측좌우족혼용복식발차기 : 양발로 하단, 단식 발차기의 순서를 혼용하거나 하상(상하)단으로 결합 혼용하여 좌측을 차고 연이어 다른 발로 우측을 차는 발차기. 우측먼저 연이어 좌측으로 방향을 정하여 차는 기술.

이방측후(후측)좌우족복식발차기 : 양발로 하단, 단식 발차기를 측방을 차고 연이어 다른 발로 후방을 차는 발차기. 후측으로 방향을 정하여 차는 기술.

이방측후좌우족혼용복식발차기 : 양발로 하단, 단식 발차기의 순서를 혼용하거나 하상(상하)단으로 결합 혼용하여 측방을 차고 연이어 다른 발로 후방을 차는 발차기. 후측으로 방향을 정하여 차는 기술.

이방응용복식발차기 : 스스로 착안해서 구현하는 외기술 발차기로서 높낮이와 방향 또는 자세를 달리 하여 차는 기술.

사방복식발차기법 : 연달아 네(4) 방향에 걸쳐 연속으로 차는 발차기술로서 한발을 이용하는 방법과 양발을 이용하는 방법으로 구분해 차는 기술.

사방복식발차기 : 한발로 하단, 단식 발차기를 전측후측 또는 전후좌우로 연이어 차는 발차기. 차기 첫 방향을 정 할 수 있음.

사방혼용복식발차기 : 한발로 하단, 단식 발차기의 순서를 혼용하거나 하상(상하)단으로 결합 혼용하여 전측후측, 전후좌우로 연이어 차는 발차기. 차기 첫 방향을 정 할 수 있음.

사방좌우족복식발차기 : 양발로 네 번 바꿔 차며 하단, 단식 발차기를 전측후측 또는 전후좌우로 연이어 차는 발차기. 차기 첫 방향을 정 할 수 있음.

사방혼용좌우족복식발차기 : 양발로 네 번 바꿔 차며 하단, 단식 발차기의 순서를 혼용하거나 하상(상하)단으로 결합 혼용하여 전측후측, 전후좌우로 연이어 차는 발차기. 2개혼용연결, 4개결합 혼용연결 할 수 있고 차기의 첫 방향을 정 할 수 있음.

이방복식결합사방발차기 : 한발로 이방복식차기를 하고 연이어 다른 발로 이방복식차기를 하는 발차기. 이 발차기는 좌우족으로만 참.

이방혼용복식결합사방발차기 : 한발로 이방 혼용복식차기를 하고 연이어 다른 발로 이방 혼용복식차기를 하는 발차기. 이 발차기는 좌우족으로만 참.

사방응용복식발차기 : 스스로 착안해서 구현하는 외기술 발차기로서 높낮이와 방향 또는 자세를 달리 하여 차는 복식 발차기.

점프발차기법 : 도약하여 차는 발차기술.

점프단식발차기 : 도약하여 차는 기술.

점프하단발차기 : 낮게 멀리 도약(준환선법-전방 또는 평전)하여 한 상태에서 차는 기술.

앞발들어점프발차기 : 앞발을 들어 올려 도약한 후 뒷발로 차는 발차기술.

뒷발들어점프발차기 : 뒷발을 앞으로 옮겨 들어 올려 도약한 후 차는 발차기술.

뒤돌아점프발차기 : 뒷발을 반원뒷전환으로 돌아들어 올려 앞발로 차는 발차기술.

점프복식발차기법 : 지면에 닿거나 닿기 전에 도약하여 2회 이상 연속해 차는 기술.

점프복식발차기 : 도약하여 2회 차는 발차기술.

차고점프복식발차기 : 일족으로 발차기를 차고 도약하여 같은 발차기를 차는 기술.

차고점프혼용복식발차기 : 일족으로 발차기를 차고 도약하여 다른 발차기를 차는 기술.

차고뒤돌아점프발차기 : 일족으로 발차기를 차고 앞에 내려놓고 뒷발을 반원뒷전환으로 돌아들어 올려 동일한 발차기를 차는 기술.

차고뒤돌아점프혼용발차기 : 일족으로 발차기를 차고 앞에 내려놓고 뒷발을 반원뒷전환으로 돌아들어 올려 다른 발차기를 차는 기술.

점프혼용복식발차기 : 도약하여 발차기를 차고 착지 후 재도약하여 다른 발차기를 혼용하거나 하상(상하)단으로 결합 혼용하여 차는 발차기.

점프좌우복식발차기 : 도약하여 한발로 발차기를 차고 착지 후 재도약하여 다른 발로 같은 발차기를 차는 발차기.

점프좌우혼용복식발차기 : 도약하여 한발로 발차기를 차고 착지 후 재도약하여 다른 발로 다른 발차기를 혼용하거나 하상(상하)단으로 결합 혼용하여 차는 발차기.

점프연속복식발차기 : 도약하여 한발로 발차기를 차고 연달아 발차기(혼용)를 찬 후

착지 하는 발차기.

점프이방복식발차기 : 도약하여 한발로 발차기를 차고 착지 후 재도약하여 다른 방향으로 발차기를 차는 기술로서 전측, 전후, 좌우, 측후, 측전, 후전 등으로 구분함.

점프이방혼용복식발차기 : 도약하여 한발로 발차기를 차고 착지 후 재도약하여 다른 방향으로 다른 발차기를 차는 기술로서 전측, 전후, 좌우, 측후, 측전, 후전 등으로 구분함.

점프이방좌우족(혼용)복식발차기 : 도약하여 한발로 발차기를 차고 착지 후 재도약하여 다른 발로 차는 발차기. 혼용으로 찰 수 있음.

점프교차(혼용)복식발차기 : 앞(뒷)발 들어차고 동시에 도약하여 뒷(앞)발로 차는 발차기. 혼용으로 찰 수 있음.

전방(혼용)전진발차기 : 전방(평전)스텝으로 앞으로 나아가며 한발로 연속해서 차는 발차기.

후방(혼용)후진발차기 : 후방(평수)스텝으로 뒤로 빠지며 한발로 연속해서 차는 발차기.

좌우족(혼용)전진발차기 : 앞으로 나아가며 양발을 바꿔 연속해서 차는 발차기

좌우족(혼용)후진발차기 : 뒤로 빠지며 양발을 바꿔 연속해서 차는 발차기.

전방전진연결발차기 : 앞으로 나아가며 양발로 하단, 단식, 복식 발차기를 혼용하여 연속서 차는 발차기.

후방후진연결발차기 : 뒤로 빠지며 양발로 하단, 단식, 복식 발차기를 혼용하여 연속해서 차는 발차기.

자유연결발차기 : 다수의 적과 대치한 가상의 상황을 만들어 단식, 복식 발차기 및 전후좌우방향과 전환선법을 이용한 발차기를 결합 혼용하여 자유롭게 연결하여 차는 발차기술로 5연속, 10연속, 20연속 단계적으로 함.

전환선법발차기 : 전환선법을 결합한 발차기술.

전환선법복식발차기 : 전환선법을 결합한 복식발차기술.

전환선법연결발차기 : 전환선법을 결합하여 하단, 단식 발차기를 순서대로 모두 연결하여 차는 발차기.

특수발차기법 : 최상의 근력 및 순발력을 집중시켜 일격을 가하는 기술로 높게 또는 길게 도약하여 체중을 실어 차는 고도의 발차기술.

낙선법혼용권무형법 : 낙법, 선법, 낙선법을 통한 위치이동 후 이루어지는 단식, 복식, 점프, 특수 발차기.

모아차기 : 양발을 모아 차는 기술.

벌려차기 : 양발을 벌려 차는 기술.

감아차기 : 양발을 교차해 감아 차는 기술.

교차차기 : 양발을 교차해 벌려 차는 기술.

가격발차기 : 가상의 상대를 놓고 연습하는 발차기술.

타격발차기 : 목표물을 놓고 연습하는 발차기술.

호위발차기법 : 경호대상자를 위해 기도자로부터 안전거리로 이격시키거나 공격각도를 이격시키면서 위해자의 신체를 타격하는 발차기술로서 단식발차기, 복식

발차기, 이방복식발차기, 전환선법발차기, 특수발차기 등을 모두 이용 함.

호위단식발차기 : 경호대상자를 호위술로 보호하며 차는 단식발차기.

호위복식발차기 : 경호대상자를 호위술로 보호하며 차는 복식발차기.

호위이방복식발차기 : 경호대상자를 호위술로 보호하며 차는 이방복식발차기.

호위특수발차기 : 경호대상자를 호위술로 보호하며 힘껏 도약하여 차는 특수발차기.

호위전환선법발차기 : 경호대상자를 호위술로 보호하며 차는 전환선법발차기.

호위낙선법혼용호위발차기법 : 낙호법, 선호법, 호위낙선법을 통해 경호대상의 안전을 확보하고 경호대상을 중심으로 호위하며 이루어지는 호위발차기술.

팀호위발차기법 : 2인 이상 팀을 이뤄 경호대상자를 호위하고 상대를 제압하는 발차기술.

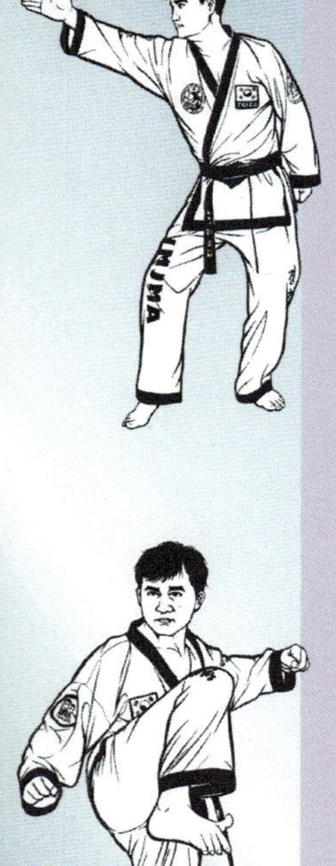

장명진

- 사단법인 한국경호무술진흥회 회장
- 전통무예원류적통자 모임 간사
- 장명진경호무술원 총원장
- 국무총리실 국가재난관리본부 자문위원
- 초당대학교 경호학과(경호무술) 겸임교수
- 고려대학교 사범대학원 석사과정(경호무술) 강사
- 선문대학교 무도학과, 충청대학 태권도학과(경호무술) 강사
- 국립경찰대학 수사보안연수소(경호무술/경호전략) 강사
- 중국연길시공안국 보안전문대학교 명예교수
- 한서대학교, 서일대학 사회교육원 경호학과(경호무술) 강사
- KBS아카데미 경호원 양성과정(경호무술) 강사
- 사단법인 한국무예포럼 운영위원
- 주식회사 탐경(경호회사) 대표이사
- 국제경호아카데미 원장
- 국제경호협회 회장
- 한국안전교육학회, 한국경호경비학회 운영위원
- 사단법인 한국경비협회 신변보호분과 운영위원
- 사단법인 한국직능단체총연합회 상임부회장
- 제10기 민주평화통일 자문위원(대통령)
- 윗몸일으키기(14,824회) 기네스기록 보유(1990년)
- 『경호무술』, 『경호실무』 저술(개정7권, 1994년~2011년)
- 『경호직무능력표준』, 『경호자격규정집』(2004년~2005년)
- 「경호산업문제분석과 발전방안에 관한 연구」 외 다수의 논문
- 대통령표창(2002년), 국무총리표창(2007년)

[무술입문 및 경호무술 창시보급]

7세에 무예 입문. 태권도, 택견, 합기도, 쿵푸 등을 수련하고 경호무술을 창시하는 등 40여 년간 무공을 쌓았다. 1986년 708특공대(경호부대) 복무 중 86서울아시안게임과 88서울올림픽 경호작전임무를 계기로 경호무술을 연구하기 시작해, 1992년 정립한 경호무술을 국내 최초로 설립된 국제경호아카데미에서 경호원양성 교육과정으로 지도하기 시작하였다. 이후 대학(교) 경호무술학과 및 경호학과와 관련학과에 보급하였다. 1996년 국내최초로 인터넷 경호무술강좌를 시작으로 초·중·고등학생 및 일반인 대상으로 경호무술원을 개원하여 전국에 보급하고 있다. 또한 중국, 미국, 남미지역에 해외지부를 두고 세계화 중에 있으며, 국내외 주요 방송매체를 통해 크게 주목받고 있다.

경호무술 Since 1992 警護武術
호위발차기법

2

초 판 인 쇄| 2011년 7월 15일
초 판 발 행| 2011년 7월 15일

지 은 이| 장명진
펴 낸 이| 채종준
펴 낸 곳| 한국학술정보㈜
주   소| 경기도 파주시 교하읍 문발리 파주출판문화정보산업단지 513-5
전   화| 031) 908-3181(대표)
팩   스| 031) 908-3189
홈 페 이 지| http://ebook.kstudy.com
E-mail| 출판사업부 publish@kstudy.com
등   록| 제일산-115호(2000. 6. 19)

ISBN   978-89-268-2188-6 14690 (Paper Book)
         978-89-268-2189-3 18690 (e-Book)
         978-89-268-2184-8 14690 (Paper Book Set)
         978-89-268-2185-5 18690 (e-Book Set)

 는 한국학술정보(주)의 지식실용서 브랜드입니다.

이 책은 한국학술정보(주)와 저작자의 지적 재산으로서 무단 전재와 복제를 금합니다.
책에 대한 더 나은 생각, 끊임없는 고민, 독자를 생각하는 마음으로 보다 좋은 책을 만들어갑니다.